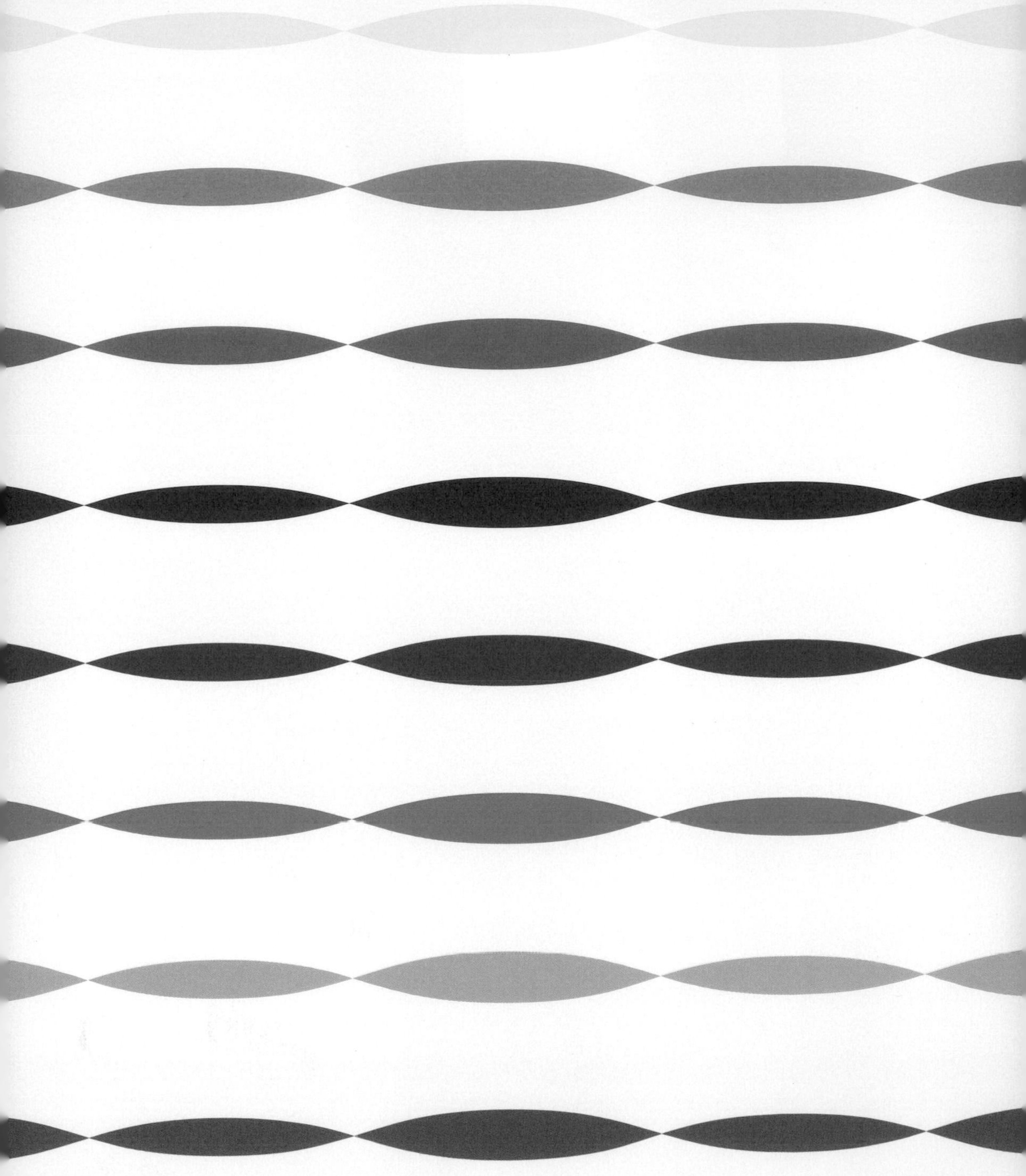

Hyper-fashion Of Contemporary Japanese Celebrity

日本頂尖時尚名人學

秦之敏 著
Tammy Kawamura

日本頂尖時尚名人學 目次
Hyper-Fashion Of
Contemporary Japanese Celebrity

contents

前言

台灣朋友對我的認識，可能還停留在早年我曾經是國片明星，後來遠嫁日本過著「貴婦」生活的少奶奶，事實上，我的從影經歷只是我人生中一段短暫美麗的留影。二十歲嫁到日本之後，由於機緣使然，開創了自己的事業，更因此接觸到許多領域的傑出人士，豐富了我的人生。

十七歲那年意外踏入影劇圈後，很幸運地跟當紅的明星唐威、林青霞、秦祥林、劉尚謙等著名演員合作拍片，星途可謂順遂，但是實際上我並不喜歡演員的生活，耗在等戲的時間太久，而我雖然敬業卻沒有受過專業訓練，加上當時年紀輕，對人生悲歡離合百態無法有深刻體驗，自然也難以表達在演技上，這使我認知到自己在演藝圈內難有更大的突破，雖然當時我還摸索不出人生方向在哪裡，但是也知道自己並不適合過演員的生活，所以二十歲那一年，為了轉換環境，毅然決定嫁給在日本經營餐飲事業的先生。

二十歲以後找到人生新方向

這是我人生很大的轉捩點，雖然在日本生活的頭三年，因為語言不通，加上人生地不熟，一度讓我感到自卑又寂寞，但是這段經驗也讓我體會到，我的天性實在不喜歡過著逛街喝下午茶的單調「貴婦」生活；學習新事物，接受挑戰並克服它，才是我人生快樂的泉源，於是，我開始改變自己被動接受異國文化洗禮的心態，主動融入日本社會。

當時我一邊進入日本學校就讀，一邊在先生經營的餐飲事業學習。剛開始日語並不流利，所以從端盤子的服務生開始做起，到後來終於能夠獨當一面，負責整個餐飲事業的空間設計工作。此外，我也在朋友的介紹下，一星期三天進入當時日本非常著名的高級百貨公司西武百貨海外企畫室，參與海外的各種活動企劃。這段短短兩年難能可貴的經歷，讓我有幸接觸到各個領域傑出的專業人士，也讓我學習到日本人在職場上的敬業精神，對於日後事業的開展，有極大的助益。

在學習日語同時，我也加強自己的英語能力。一個外國人想打入日本的上流社會相當的不容易，因為先生的關係我才有機緣進入所謂的上流社交圈，同時也很幸運在日本友人的陪伴下，教導我認識日本上流社會的禮儀。但是當時我便想著，在日本當地把日語說得流利並不稀奇，日本人的弱點便是英語能力普遍不佳，唯有把英文說得流利，才能贏得日本人的尊敬，而之後事實證明，有了英語能力做後盾，的確讓我更能融入日本上流社會生活，也成為事業的最佳橋樑。當時，年輕的我便自覺身為女性，還是要有自己的事業，工作讓女人不只在經濟上獨立自主，更在心靈上帶來安全感。雖然辛苦，但成就感十足。

由於家族在夏威夷擁有房地產，所以長達八年的時間我一直都頻繁來往於日本及夏威夷，一方面繼續協助先生的餐飲事業，一方面開始積極接觸戶外運動。夏威夷遼闊的自然景觀及豔麗的陽光，讓我對戶外運動開始深深著迷，直到今天，即使事業再忙碌，我一定會抽空定期從事游泳、打高爾夫球、騎馬與滑雪等戶外運動，保持身心靈最佳的平衡狀態。

夏威夷的生活雖然悠閒，但是實在缺乏戰鬥力與成長。這時期正好碰上泡沫經濟來臨，房地產一片榮景，所以我開始進入房地產市場，從夏威夷及洛杉磯的豪宅投資做起，逐漸轉戰亞洲房地產市場，包括馬來西亞、中國大陸的北京及上海，雖然有很好的投資報酬率，但是後來經歷亞洲金融風暴後，讓我對房地產有更深一層的體悟；也就是所謂的不動產，即使地點與位置可以靠自己精準的判斷能力，但是大環境還是得仰賴經濟的趨勢，才能決定房地產增值的空間，這種無法完全操之在我的投資方式，讓我決定開始自行創業。

從創業中磨練出工作能力

正式創業後的第一家店開在東京台場，當時我委託美國著名醫療產品公司生產醫療美容產品，創立自己的醫療美容品牌，成為日本第一家引進歐美抗老化療程的店；除了拓展實體店舖外，我也極力將通路延伸到著名時尚雜誌的郵購及電視購物平台，並開設抗老化診所。

創業歷程其實是艱辛的，在經營醫療美容事業十二年當中，我必須面對的是從無到有的經驗，包括初期產品的開發、包裝設計、店舖經營管理、資金調度、人員訓練、市場調查、公關及促銷活動等，我都親力親為，工作能力也因此被鍛鍊出來。

三年多前，美容產品大環境競爭日漸激烈，我開始轉型，經營精品事業。其實精品事業一直是我有意跨足的部分，一方面緣於自己對精品的喜愛與長期使用的心得，特別是鱷魚皮包一直是我的最愛，但是市面上鱷魚皮包的價格實在過於昂貴，於是花了很長時間做研究，找到最好、最珍貴的鱷魚材質與最好的工廠配合後，開始興起以自己英文名字創立品牌的想法，這就是ＴＡＭＭＹ頂級鱷魚皮件的誕生。

ＴＡＭＭＹ品牌問世後，立刻受到金字塔尖端市場消費者的矚目，一方面它的皮革來源與國際知名品牌同屬一供應商，另一方面來自日本製包師傅代代相傳的精緻手工技藝，如此打造出的頂級質感，加上合理的價位，馬上受到名媛貴婦的喜愛。

我認為一個品牌的建立，尤其是精品，除了品質與設計要好之外，時尚品牌背後涉及的文化層面，更是值得探索並與人分享。我向來對文化與藝術有很深的喜愛，從藝術品的收集，每年定期參加世界各國的藝術文化活動，都是我生活中很重要的一部分。

親身專訪帶領讀者進入日本時尚美學殿堂

本書所介紹同時也是我親自採訪的人物，都是在日本社會的不同領域裡擁有極大影響力的專業人士，他們也都是我的朋友。我認為『時尚』不應當只侷限於流行服飾產業，其實『時尚』早已滲透到各個專業領域，因此，我在本書介紹的八位頂尖人士，他們都在各自的專業領域，催生了屬於各自專業領域的美學創意，並希望將這些創意傳達到全世界。

首先登場介紹的人物是內田繁大師，他是國際知名商業與住宅空間設計大師，曾獲得日本建築界最高榮譽紫綬褒章，目前在日本最著名的設計學院桑澤設計研究所擔任所長。當我決定寫這本書時，他是我第一位最想採訪的朋友，最初是因為協助先生餐飲集團的空間設計，我們因此認識，至今已有二十年的時間，內田繁大師一直與我們有長期的合作關係，我希望藉由採訪這位大師對日本空間美學獨特的詮釋觀點，帶給讀者對生活空間產生新的靈感。書中第一章內田繁作品之一「木蘭」餐廳，便是我們與大師合作的代表作品。

第二位受訪者是當代藝術推動者吉井仁實先生，在朋友的介紹下有幸認識這位日本著名畫廊老舖吉井畫廊的第二代，他也是將日本當代藝術品包括村上隆等藝術家介紹到歐美的重要推手。受到先生的影響，我個人也相當喜愛當代藝術，當代藝術作品的想像空間大，並且相當適合搭配現代的傢俱，每天可以看到自己喜愛的作品，是件相當幸福的事。

第三位受訪者是寺田和正先生，他是日本著名皮包Samantha Thavasa上市公司的董事長，這家上市公司找來國際話題性的巨星像是希爾頓姊妹、維多利亞·貝克漢、碧昂絲等人為該品牌代言，成功將它推向日本女性消費者的第一品牌。由於我自己從事鱷魚皮包的精品事業，所以對於Samantha Thavasa品牌的崛起十分感興趣，透過他們集團中我所認識的總經理遠藤先生的引介下，深入採訪該品牌的經營理念。

第四位受訪者是大濱史太郎先生，大濱公司所舉辦的「TOKYO GIRLS COLLECTION」結合日本最有名的模特兒與非專業模特兒一起走秀，不僅在日本創造很大的話題，同時也是世界最大的時裝秀，入場券的黃牛票甚至叫價到六萬元日幣。更特別的是它的商業型態是從手機作為通路來販賣商品，吸引幾萬名會員上網訂購他們的產品，非常了解現代年輕人的消費趨勢。十年前當我經營化妝品事業時，他們的通路正是我們彩妝的銷售管道之一，能認識這位年輕朋友讓我對社會趨勢有更新的想法與認識。

第五位受訪者是日本非常著名的時尚雜誌《25ans》的總編輯十河女士。《25ans》主要報導世界頂級生活趨勢及名人的奢華生活等介紹，其內容之豐富及所引導的流行趨勢，絕對具有參考價值，我個人便是這家雜誌的長期訂戶；過去我在從事彩妝事業時，也經常接受《25ans》的採訪，加上彼此的合作關係，十河女士很欣然接受我的採訪邀約，我也希望將此領域的專業精神介紹給更多的讀者認識。

第六位受訪者是渡邊高志先生，他是日本高收視率電視節目《驚奇世界HOW MUCH》、《價格知多少》的製作人，在台灣擁有很多觀眾。此節目主要介紹日本名人與世界名人的奢華生活，我因為事業上的關係也曾多次接受此一節目專訪，在拍攝期間見識到日本工作人員的敬業精神，以及對受訪者的尊重，我希望透過採訪讓台灣讀者了解日本電視節目製作的創意思考及特殊的工作方法。

第七位受訪者是美麗的模特兒森泉，她是日本目前當紅模特兒，除了擁有令人豔羨的外表，她的家世背景也令人印象深刻，祖母是日本最早期進入法國時尚界的服裝設計師森英惠女士。森泉除了是TAMMY鱷魚皮包的愛用者外，她所具備的良好教養與社會名媛風範令人折服，讀者可以透過採訪看到日本社會名媛的喜好與生活。

第八位受訪者是日本著名造型師ENAMI女士。她在時尚界的資歷以及對時尚美學的專業看法，相當值得與讀者分享，尤其是日本造型師領域，年輕人較難出頭，因為除了才華之外，人脈與豐富的資歷，甚至是敬業的精神更值得重視，相信讀者可以透過採訪對造型時尚有更深層的認識。

我很榮幸能認識這些朋友，非常感謝他們在百忙之中接受我的採訪，同時也特別感謝日本奧平美代子女士對本書的協助。更希望透過這本書讓台灣朋友瞭解當代日本的美學創造力，不管是在建築設計、藝術收藏、時尚品牌、網路購物、電視製作以及女性雜誌等工作領域，並期許雙方將來有更深的交流。■

秦之敏

01

內田繁

Shigeru Uchida

紫授褒章的建築美學
追尋「空」的設計奧義

eru Uchida

內田繁，設計師。一九四三年生於橫濱。桑澤設計研究所[1]畢業，他目前擔任桑澤研究所所長。曾獲得每日設計獎、商業環境設計獎、藝術選獎、文部大臣獎等獲獎無數，二〇〇七年春天，更獲頒紫綬褒章[2]，是日本代表性設計師。

內田繁不僅設計商業、住居空間，更在日本國內外展開家具、工業設計，甚至是地區開發等，活動領域廣泛。他的不少作品成為紐約大都會美術館、舊金山現代美術館、蒙特婁美術館等的永久收藏。代表作茶室《受庵、想庵、行庵》、山本耀司系列精品店等。

探索日本居住空間的獨特涵義

作為一位設計師，內田繁深感二十一世紀的今天，雖然科技日新月異，生活形態大幅改變，但是，日本傳統住居概念，例如榻榻米、和紙拉門等，仍然根深蒂固地存在於日本人的生活當中，因此內田繁開始鑽研日本空間的意涵。他發現日本自古認為「住家空間」是一座「重生」的設施。從孕育生命的子宮開始，人類就不斷地在尋找令自己生命重生的暫居空間；這座暫居空間，具有神聖的復活重生之意。日本文化中的空間特性深受宗教影響，人類在迎接眾神之時，以繩圍繞成四方空間，形成神聖的結界空間，由此發展成日本特殊的居住概念「空」。在看似「空」無一物的空間中，卻可隨著不同事物的出現，呈現出不同的樣貌。

內田還發現日本空間的另一特色「脫鞋」和「席地而坐」，也影響日本的空

Shig

受庵、想庵、行庵 1993
Conran財團永久收藏作品（1995，倫敦）

每個民族都有固有的文化，這些文化記憶根植在身體之中。茶室蘊含日本人的精神與空間文化的深奧精髓，內田以現代手法呈現豐富的陰影、觸覺世界。三座茶室皆是可隨處移動的設施。

Photo by Kawano Masato(Nacasa＆Partners)

行庵內部 1993

內田認為一座「空」的空間，隨著其中擺設的「道具」不同，氣氛也隨之不同，展現人的心情、季節等「時間」變化。

Photo by Kawano Masato(Nacasa & Partners)

間感覺。「席地而坐」所產生的視線高度與視野，促使日本空間強調水平性。例如，西方劇場舞台設計重視遠近感，而日本的歌舞伎舞台則強調必須能夠一望無際。

此外，日本人對於進入居住這座神聖空間，懷抱著莊嚴的心情，因此，在進入屋內前，先在「緣側」[3]處脫去鞋子，以表敬意；而「緣側」連結住屋與庭院，內部與外部，具有佛教用語「因緣」、「緣起」之意。

向世界傳達日本空間美學的「茶室」

體悟到這些特殊的日本空間概念，讓從小在日本土生土長的內田繁，在前往歐美參與演講或研討會時，深刻地感受到日本與西方對於家這座空間的不同想法，例如，西方認為家是人的保護傘，沒有了家，就像是斷了線的風箏，只能隨風飄搖；但是，日本則是將家視為神聖空間，能夠抵禦侵入的惡靈、怨靈、死亡等肉眼無法看見的世界。這種想法上的差異，並非孰優孰劣，反而令內田更進一步思考，在未來世界是否會誕生共通的空間設計。但是，在那之前，他覺得促使其他地域認識日本的空間文化，提供思考課題，是目前的要務；因此，他設計「茶室」系列。

選擇創作「茶室」，在於飲茶文化是世界各地的共通行為，例如英國等歐洲各國自古即有特定的飲茶時間，印度、中國等亞洲國家也都存在著悠久的飲茶

想庵 1993

日本席地而坐的習慣，能夠敏感捕捉周圍的風、光、音等的變化，也提供享受這些變化的樂趣。日本建築的非堅固結構提供這種感官享受，成為「微弱」的物質。

Photo by Kawano Masato(Nacasa & Partners)

山居 2002

2002年，參展義大利沙龍展《變化 細節 現在》。榻榻米
三帖大的茶室中，提供歐美人體驗日本茶室精髓。

Photo by Satoshi Asakawa

岡崎的椅子 1996
岡崎市美術博物館收藏（1996） 神戶時尚美術館（1997）
丹佛美術館永久收藏（1998）

這項作品專為岡崎市的心靈景象博物館所設計。內田摒除一切無謂的要素，只保留最單純的椅子元素，創造極簡的型態。

Photo by Takayuki Ogawa

歷史。在飲茶的行為當中，存在著安定撫慰人心的精神層面意義，同時具有社交意義。

內田認為茶室設置的目的是心靈交流。茶室主人根據狀況，選擇花、器皿、餐點等，創造「時間」瞬間之美。每個瞬間都是新的變化，在一連串的變化中，蘊藏著生生不息，永永久久。在設計的空間中，內田經常使用四角立方體。這些四角立方體有時是箱子，有時是展示櫃，有時是牆壁，有時則是裝置藝術品，擁有多種功能，彷彿生命體般成長，掌控著空間的呼吸。內田在一九八〇年代之後，開始嘗試將空間單純化。這些嘗試源於亞蘭德倫主演的電影《獨行殺手》（*Le Samourai*,1967）中的某個場景，在老舊小公寓的房間內，僅擺放著床鋪與櫥櫃。房間中央卻擺著一個小小的鳥籠。簡單的擺設，卻暗藏著無限思考空間。

反映日本文化內涵的微弱設計

在數度的嘗試之後，內田發現簡單靜謐的空間，蘊含著無窮的強勁力道，恰恰符合日本文化的特性「微弱」。寂寥、脆弱、不完全性、劣勢等「微弱」，反而創造獨特的美感。這種簡單美學，內田不僅運用在空間當中，也展現在家具設計之中。他的首件家具作品自由形式椅（free-form chair）誕生於一九六八年的學生時期。作品類似今日所見的懶骨頭椅。這是內田向大量生產消費主義

DEAR VERA 1989
蒙特婁裝飾美術館永久收藏（1993）
加拿大渥太華國立科學技術博物館永久收藏（1996）

這是與義大利著名家具品牌ALESSI合作的桌上擺鐘作品。4根腳柱以不同組合排列方式，展示不同設計。

Photo by Takayuki Ogawa

SEPTEMBER 1977
紐約大都會美術館永久收藏（1988）
神戶時尚美術館收藏（1997）
丹佛美術館永久收藏（1998）
埼玉縣立近代美術館收藏

這是初期的黑管椅設計作品，細管與鐵網組合而成的幾何學式架構，以最單純形式製成椅子的象徵形式，展現椅子型態的抽象性，風格簡潔明快。透視性、輕盈感等特性，有「從空間誕生的椅子」之稱，鋼管網狀椅子的先驅。

Photo by Kawano Masato(Nacasa & Partners)

的首度挑戰，因為他希望透過設計師之手，創造溝通式的設計，展現他前衛且關懷社會的態度。九〇年代登場的荷蘭設計集團楚格[4]，標榜環保、可塑性、可溝通性；但是，內田早在三十年前就已經著眼這點。

內田設計的家具，絕不會只為了堅持簡單概念，而刻意維持簡單。曾經有大企業詢問他，設計製作一把椅子，需要多少時間，他回答需要三年。他表示，在製作試成品之後，他一定會先放置半年。半年之後，再檢視是否符合「為人製作」的理念，然後繼續修改、放置、修改。他認為不能在設計並大量製造物品之後，強迫人習慣配合這項物品，這種「標準畫一」的態度，將剝奪人類固有的精神；所以，設計家具時，他會考慮是否符合使用對象的真正需求，即使使用對象只有一人，若能夠滿足這位使用對象，即已足夠。

ALFIE 2003（前方）
JUST IN TIME 2003（後方）

內田與家具製造商「壽」合作企畫設計的大廳座椅。依據現代的各種大廳形式，座椅也成為凸顯空間特色的裝潢之一，共有4種款式，圖為其中2種。

Photo by Satoshi Asakawa

HORIZONTAL 2000

這是以日本傳統拉門為靈感，以現代風貌呈現的作品。每條獨立的櫥櫃，依據固定方式的不同，能夠形成各個不同的極簡藝術風格櫥櫃。推拉式的櫃門，在展開時，能夠賦予櫥櫃不同的表情。

TREE 2001

樹木形的照明燈具。燈具樹枝頂端裝設燈泡，隨著反射板的角度不同，能夠投射不同方向。纖細的樹枝，彷彿盛開花朵般的外型，當作裝飾擺設時，幾座成群合擺在同一空間時，營造詩般風情。Photo by Satoshi Asakawa

邁向以人為主的零設計公共空間

日常生活當中所見的景觀，內心的感觸，都成為內田設計的靈感來源。例如，在東京前往橫濱的高速公路上，放眼所見，都是工廠的煙囪、機械怪手、鐵管等簡單幾何的組成，但卻滿載實用功能性。在內田眼中，這片毫無設計性、計畫性的區域，看似廢墟般氣氛，卻營造出無秩序的世界，充滿各種魅力。七〇年代，內田的鐵管椅系列作品，便是源自於這片風景。山本耀司的精品店概念，也源由於此。

內田認為如果無法滿足使用對象，即使設計特殊，也只能算是失敗作品。一九七九年，他設計爵士酒吧「JARRETT」，他與橫尾忠則聯手合作，請橫尾忠則繪製爵士大師的肖像，運用黑白灰階色調，以馬賽克拼貼手法，貼在地板與牆壁（只貼至及腰高度）上。繪畫手法的空間展現，營造顯眼強烈的印象，在吸引顧客的商業觀點上，的確創造熱烈話題；不過，許多爵士樂迷卻反應，雖然非常中意喜愛設計，但是將爵士大師踩在腳下，內心實在覺得忐忑不安，反而難以放鬆享受。內田自省認為意義深遠的繪畫主題，雖然為空間增添光彩，卻同時對空間造成傷害，是個失敗的空間作品。

山本耀司精品店 神戶 1986

這是一座實驗性創作的空間，利用材質感、型態、裝置等，排除表面與空間的屬性。空間中央擺設的單純型態桌櫃，形成空無一物的中心，以最單純的關係組合架構這座空間，創造展示擺放服飾的空曠秩序，實踐日本空間原理的本質。此時的內田開始探求日本文化本質，以空間形式展現生命的無限傳承。

Photo by Kawano Masato(Nacasa＆Partners)

對內田的作品印象，不少人來自於六本木Hills櫸木坂大道旁的公共設施。六本木Hills的開發計畫，中心理念是「文化都心計畫」，希望提供民眾居住、工作、休憩、學習、娛樂等功能。其中，這項櫸木坂大道計畫，邀請多位日本國內外設計師共同參與，展示設計的多樣性。內田繁便是其中一位。他的鮮紅鋼板凳「唯有愛」（I CAN'T GIVE YOU ANTHING ONLY LOVE），同樣承襲他簡單的設計理念。一片鋼板，擁有彎曲成無限種類形狀的可能性，且可隨著利用者的詮釋自主性，改變用法，創造出使用者與物品的自由組合世界。

街道旁，雖有行人抬頭注意的路燈也是出自內田之手。為了讓街道更洗鍊美觀，並且能夠因應各種活動，他設計多功能的複合式路燈。俐落的九十度直角線條，裝設幾根簡單的細橫桿，提供吊掛活動宣傳旗幕。樸實的色調與設計，融入消失在街道當中，但隨著賦予的功能，又能凸顯成為景觀當中的圖像，將日本美學特色充分運用其中。

無論是他設計的空間或是家具，都看似信手拈來，絲毫不費功夫，但是卻蘊含著深遠奧妙的意義，能夠撫慰五感，觸動人心。他的設計蘊含著內田堅定不移的夢想，那就是創造「非物質性」、「能夠敞開頑固空間」、「可塑性、可變性」的物品。雖然，這條道路艱辛而漫長，但是，個性溫和細膩的內田，仍舊勇敢挺進，毫不畏縮。

唯有愛 2003

六本木Hills街景計畫中的一環，擺設人行道路旁的椅凳。加工彎曲鋼板製作而成。不規則形狀為街道景觀增添強力色彩，而且多變形狀提供各種不同坐法。

Photo by Satoshi Asakawa

木蘭 東京台場 1999

東京台場是人氣鼎盛的話題場所，中式餐館木蘭就位在這裡。餐廳室內整體大膽裝飾金色，牆壁上則描繪著青葉益輝的插圖。彷彿高聳如雲的樹木般、直達天花板的金色柱子，予人強而有力的印象。

Photo by Satoshi Asakawa

廣島遠東飯店 2006

廣島遠東飯店在更名改建之際，委託內田繁設計。內田根據自己對飯店的理想，讓改頭換面的飯店，呈現簡潔的都會風情之美，同時兼備飯店的功能性。

Photo by Satoshi Asakawa

當代設計必須面對的四大課題

在一九六八年時，內田就對於設計師當時所應面對的課題，歸納出四點。

首先是「尊重個人的固有性」。工業革命以來，社會形成的固有秩序與規範，無形束縛控制人類。設計師必須設法理解「人並非只是存在於社會中」，而是「社會是為了人類而存在」，所以，必須尊重個人。

其次是「尊重地區民族的固有文化」。近代社會經常抹殺許多地區民族的固有文化、傳統、歷史、風俗。但是許多地區民族謀求固有的生活形式，而非統整畫一的方式。因此，設計師應尊重各地民族的文化，思考兼容並蓄的設計。

其三是「學習歷史」。人類的生活傳承自古代，絕對無法斷絕歷史脈絡。透過學習歷史，能夠瞭解歷史當中存在的合理性，以及先人的智慧，這些是全人類珍貴的共通財產。

其四是「以地球規模考量」。隨著時代的腳步，許多問題都是牽一髮而動全身，造成世界性的影響，不再侷限於單一地域。設計師不能為後代製造遺留「負面」遺產，而是必須為人類創造具有更多層面意義的財產。這些信念與課題，時至今日，內田仍舊不斷思索檢視，從訪談當中即可窺見這些點滴。■

Dancing Water 2007

白然界隨處充滿著形形色色的光，灑落於葉縫之間的光、雨後乍現的彩虹光、淡淡星銀的月光⋯。日本傳統茶室，典雅和紙木門或閉或闔，隨著季節時間的變動，為室內空間引進幻化萬千的光。內田繁嘗試以人工展現自然界中搖曳生姿、風情萬種的光；光線穿透過水，水影舞動，波光粼粼，創造只屬於「當下、瞬間」的世界；蘊含萬物無常、變化多端之寓意，是一件令人難以捉摸預測的光作品。

Photo by Satoshi Asakawa

內田繁的設計學

10問

Tammy Kawamura × Shigeru Uchida

01

對您來說什麼是日本美學的獨特之處？日本美學在現代設計中發揮何種功能？

我以三間日本茶室的創作為例說明。日本的室內空間，例如茶室，其實能以一個「空」字歸納總結。日本文化的根源就是「空」，所以可以隨心所欲，變化自如。空間如果是「空」的，依據放入的物品，空間就能隨之變化。這些令其變化的物品，日本稱為「道具」。例如擺入雅致、絢爛豪華的道具，空間就轉變呈現京都風貌；擺入寂寥的道具時，空間就轉變呈現寂寥風貌。這種變化對日本人是很重要的，所以日本空間必須經常變化。隨著季節的變化，引領不同的季節風貌進入室內；或是隨著不同的訪客，空間也會產生和平常不同的變換，例如在某某先生來訪時，我特地拿出長年珍藏鍾愛的茶杯，招待他一塊兒共享好茶，此刻，居家空間就會呈現不同於日常的氣氛。

這些變化悠遊在日本所有的室內和生活當中。

此外，簡樸也是日本美學的重點之一。日本美學不稱許豔麗豪華，反而認為簡樸才是美。

日本製的物品，例如一本冊子單純以紙製成，沒有使用任何高價珍貴質材，這樣最能令人感受美的存在。舉例來說照明設計作品

內田繁與Ettore Sottsass[11]。二〇〇二年攝於義大利米蘭沙龍展。

「Papermoon」[5]系列也是如此。燈籠風格的照明器具，正蘊藏著簡樸的要素。

微弱也是重點之一。日本文化不製造強勢的物品，而是製作微弱的物品。在微弱的物品中體認美感，正是日本文化的特色。

現在，日本雖然不同於往昔，不過，這些想法在日本人的內心深處，早已根深蒂固。

02

「日本設計」或「日本製造」已經是重要的文化輸出，日本的設計風格，相較於其他設計先進國家，有何處不同呢？

日本文化是一種靜謐的文化。歐洲文化深具豐富的感官性，這種感官性不存在於日本。日本是在沉靜中尋找形形色色的事物。

文化隨著國家地域的不同，而有所相異；所以這個世界才會多采多姿，趣味橫生，從不令人厭倦。我前往歐洲時，總是盡情沉醉享受這種感官風情世界。反之，歐洲人造訪日本時，則能體驗日本的靜謐。日本文化根源存在著這種靜謐，因此設計製作的物品，也多半依循這個方向。紐約人常稱「Cool Japan」，其實就是形容這種靜謐的日本文化。日本人總在靜謐之中，思考人類的精神，製作設計物品。

03

什麼是理想的設計教育呢？

設計的重點有三：設計的目的、為了何者而設計、如何設計。換句話說，先思考設計的目的，以及為了何者而設計，然後再考慮如何設計。不過，不少人都會錯了意。例如設計目的是為了豐富日常生活，竟錯誤認定前往娛樂場所遊玩等活動，就是豐富日常生活；其實應該是如何讓日常生活能夠更安穩、健康、更具效率。

不過，除了為日常生活進行設計之外，也有非日常性的設計。這是跳脫日常性，轉換恢復心情、享受生活為目的的設計。這種設計則和日常性設計完全迥異。

我常教導學生在設計時，必須更深入觸探人心。設計是面對人心的工作，因此，必須紮實學習設計的基本，絕對不能想一蹴而成；要先多方面為人而思考，思索設計對象的精神或心情，而不是立刻埋首著手製作。

04

您目前擔任桑澤設計研究所的所長，請您介紹這間研究所，以及未來的教育計畫。

我認為現在世界的設計教育是錯誤的。因為，全部都在教導設計「物

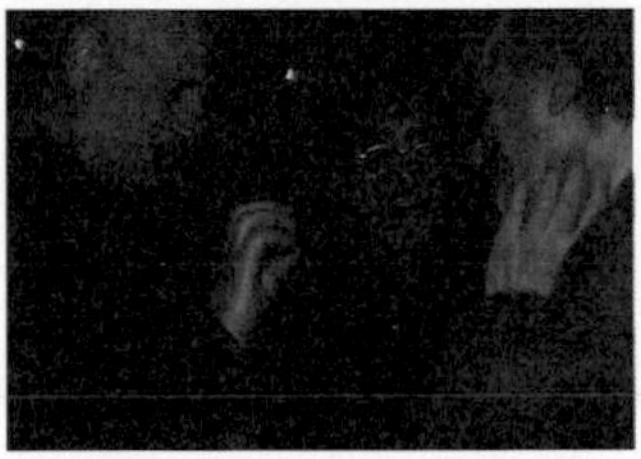

內田繁與Clino Trini Castelli[12]、Simo Heikkila[13]。二〇〇二年，攝於義大利米蘭沙龍展。

質」、「物品」。設計絕對不是設計物質，而是為了人而設計。因此為了人而製作的物質，有時候會是建築，有時候是居家或店面等；例如，在製作店面時，設計師必須考慮將來開店時，造訪店面的顧客的心情；或是打造住家時，則必須思考居住其中的住民心情。我希望教導學生瞭解「設計」是為了滿足目標對象的心。

我以此擬定課程計畫。或許聽來有些自吹自擂，但這是全世界最棒的設計教育課程。我深深瞭解全世界的教育水準，我知道應該如何引導學生，成為一名真正的設計師。

桑原設計研究所的人才輩出，活躍於世界各地，例如倉俁史郎[6]、吉岡德仁[7]，平面設計師淺葉克己[8]、長友啟典[9]、青葉益輝[10]；設計總監的中西元雄[11]等人。我希望培育更多優秀的人才，歡迎亞洲各國的學生前來本校攻讀。

入學條件是報名者必須參加入學考試。或許有人會猶豫入學考試對外國人可能比較不利，但是，本校曾有台灣籍的留學生，現在也有來自韓國、中國的學生，校內有許多亞洲留學生，所以請別擔憂，絕對不成問題。

05

您榮獲紫授褒章，這項褒獎對日本的藝術與學術，有著什麼樣的意義呢？

老實說，我毫無頭緒呢。這項褒章促使我的名氣大漲，令我一時不知所措。結果成名了，工作反而減少了。因為，大家擅自認定名家一定拒絕承接不起眼的工作，或是不好意思開口商量，真是傷腦筋呢。

其實，我並無隨著獲獎而有任何改變，所以，懇請各位別客氣，我隨時等候各位的到訪。

紫綬褒章

內田繁獲頒於二〇〇七年春季。

06

日本的建築師和國外的合作案越來越多，日本市場和海外市場對設計的觀點是否有所不同呢？

我並不認為有任何不同。海外的優秀建築師都能理解我的想法，瞭解設計的目的，為了何者而設計，以及如何設計。所以我從未感到任何相異之處，甚至因為雙方的觀念一致，無須任何輔助，就能心神領會。

07

設計和環境是目前的重要課題。您如何思考設計和環境、以及設計和環保之間的關係呢？

這是非常值得深思的重要課題。當今世界的暖化現象非常嚴重，喜馬拉雅山上的冰雪不斷融化消失，最初造成喜馬拉雅山麓一帶的河流氾濫，繼之而起的是缺水問題。這是工業發展整體所造成的問題，絕對不能坐視罔顧。

首先，我認為必須停止製作無謂的物品。無謂的物品就是毫無用處的東西。例如在百貨公司購物時，應該思考這項物品是否能夠長久使用，而不是隨用隨丟。如此一來，環境就能有所不同。

常有外國學生詢問我對於環境問題的想法，隨著當時的狀況，我的回答會有所不同。但是，我最想告訴學生和眾位設計師，千萬別製作無趣的東西。無趣的東西只會製造垃圾。

08

對於設計的喜好，您覺得年輕世代和傳統世代有什麼不同呢？

這個問題，我想必須等我再增點年紀，再來回答，或許比較適合。

不過，我認為設計有兩種方向性；一種是令人衝擊震撼的設計，另一種則是令人沈靜穩定的設計。年輕時，我非常喜愛且熱中設計大膽激進、令人驚豔的作品；不過，隨著年歲增長，我逐漸想要靜謐安穩的設計。

現在，我正處於這種時期。

我認為世界存在著博大精深、能夠感動人心的設計，我期許自己的設計能夠達到這種境界，不過這並非易事，希望在有生之年，我能創作打造

內田繁與Andrea Branzi[14]。二〇〇二年，攝於義大利米蘭沙龍展。

一件這樣的作品。

09

設計是一種生活態度。如何能在生活中養成這種態度呢？

我想應該就是真誠面對自己，真誠面對生活吧。不過，絕非任意妄為。人無法離群索居，必須和其他人一起生活，一起思考，如此一來，才能誠實面對自己。

總之，重點在於人是群體的動物，無法獨自一人生活，必須和他人共同相處生活。

10

請為讀者介紹您的代表性設計案例。

目前，自己十分鍾愛《Dancing Water》水晃動起舞這項作品；因為這項作品非常貼近大自然。

水影搖晃的景象真是賞心悅目，美麗絕倫，難以言語形容。

我曾經望著夕陽，心中覺得真是一幅令人讚嘆、撫慰人心的美景，很懊惱自己為什麼無法創作宛如夕陽般的美麗設計。想著想著，《Dancing Water》這項水影舞動的作品因此誕生問世，難以預測的晃動水影與光影，令人感覺目眩神迷。

註釋

Uchida Shigeru

1、**桑澤研究所** 一九五四年成立。創校者為服裝設計師桑澤洋子，承繼德國包浩斯的理念，為日本第一所設計教育機構。創校以來，無數傑出的畢業生活躍於設計最前線。例如兒童繪本作家五味太郎。

2、**紫綬褒章** 始於一九五五年。日本政府頒授的獎勵褒章，表彰在學術、藝術等領域的發明、改良、創作上，功績卓著的人士。每年於春季（四月二十九日）與秋季（十一月三日）舉辦綬章儀式。

3、**緣側** 日本住居建築周圍，以木板連結的長廊，通常設在住居與庭院交界之處。

4、**楚格設計** Droog Design。一九九三年成立，荷蘭家具製造與建設公司。創辦人是珠寶與產品設計師Gijs Bakker與雜誌主編Renny Ramakers。公司宗旨在於激發設計之間的討論溝通，並在設計初始，即考慮到物品的使用歷程，賦予使用延伸性。著名代表作品有以回收牛奶瓶製成的牛奶瓶燈、八十五顆平凡無奇燈泡紮成的水晶燈、十幾個舊抽屜以皮繩綑綁而成的櫥櫃等。

5、**Papermoon** 內田繁與位於岐阜的燈籠老店淺野商店共同設計開發的作品。結合自江戶時代以來、悠久且優秀的岐阜燈籠傳統與精湛手藝，這項以美濃和紙與竹子製作的燈具，沒有一般紙燈頂端的圓洞或腳架，單純以材料展現竹子、葫蘆、蛋等型態，散發著靜謐柔和的光芒，展現日本特有的燈具文化，同時完美融合在現代空間中。

6、**倉俣史郎** 生於一九三四年，東京出身。一九六五年成立倉俣事務所，在與橫尾忠則合作設計室內空間之後，獲得各界矚目。他是深具日本代表性的設計師，一九九〇年，獲頒法國文化省的藝術文化勳章。他最廣為人所熟悉的作品為椅子「Miss Blanche」，這是在透明壓克力樹脂內，鑲入薔薇的設計。一九九一年，他因急性心臟衰竭而過世。

7、**吉岡德仁** 生於一九六七年，佐賀出身。建築、空間、包裝等綜合設計師，日本代表性人物之一，作品獲得紐約近代美術館、龐畢度中心等永久收藏。他曾為SWAROVSKI、三宅一生、豐田汽車、HERMES等設計商業店面空間；二〇〇一年，他發表紙椅作品「Honey-pop」之後，廣受世界矚目；還為SWAROVSKI設計水晶吊燈「STARDUST」等。二〇〇六年，他更跳脫設計領域，在義大利米蘭發表裝置藝術作品「Tokujin Yoshioka × Lexus L-finesse」。二〇〇七年，日本版新聞週刊將他選入「全世界尊敬的一百位日本人」。

8、**淺葉克己** 生於一九四〇年，橫濱出身。平面設計師。一九七五年，成立淺葉克己設計室，著名作品有東麗、丘比美奶滋等廣告。一九八六年，他成立東京形式總監俱樂部（Tokyo Tape Director's Club），策劃各項展覽。在從事各項設計與活動之餘，他對亞洲的文字文化產生興趣，在追求文字與視覺的表現中，認識中國西南少數民族納西族東巴文字，一九九九年，獲邀參加中國麗江國際東巴藝術祭。此外，他還演講、著書、擔任審查員等活躍於各領域。二〇〇二年，獲頒紫綬褒章。

9、**長友啟典** 生於一九三九年，大阪出身。平面設計師，東京造型大學客座教授。最初，他在鐵工廠謀生，後來經由公司社長兒子的介紹，進入桑澤設計研究所就讀。一九六九年，他與黑田征太郎共同成立K2事務所，從事海報等平面設計。

10、**青葉益輝** 生於一九三九年，東京出身。平面設計師，東京造型大學客座教授。一九六九年，成立A&A青葉益輝廣告製作室。一九八七年，他與桑澤設計研究所同學淺葉克己、長友啟典舉行三人聯展「〇△口展」（〇＝長友，△＝淺葉，口＝青葉）。一九九三年，他設計製作長野冬季奧運官方海報。

11、**Ettore Sottsass** 義大利設計師。一九五八年，他為Olivitti公司設計的打字機與辦公用品，最為人熟悉，這幾項作品已成為美國洛杉磯藝術館所珍藏。一九八〇年，他與七位設計師籌組Memphis Group，引發八〇年代眾所矚目的後現代設計運動。二〇〇七年十二月三十一日逝世，享年九十歲。

12、**Clino Trini Castelli** 義大利工業設計巨匠。他熟悉各項設計理論，是CMF（color material finish）的先驅，也是義大利著名設計學校Domus Academy的創校人之一。

13、**Simo Heikkila** 生於一九四三年。他是芬蘭當代家具設計的代表性人物，二〇〇五年九月，他贏得北歐重要的設計獎項：布魯諾・馬松獎（Bruno Mattsson），更證明這位勤奮開拓的設計師所得到的高度評價。他的獨特風格設計中特別注重三個方面：細部、結構與視覺觀念效果。除了家具設計外，他的燈具設計與展覽設計同樣傑出，他是目前芬蘭最受矚目的展覽設計師之一。

14、**Andrea Branzi** 生於一九三八年，佛羅倫斯出身。義大利工業設計巨匠，目前是米蘭工業大學工業設計、建築設計、設計文化相關的特聘教授。他的設計跳脫主流框架，呈現反設計的獨特風格。一九六六年，他設立佛羅倫斯設立建築伸縮派協會（Archizoom Associate），並是義大利著名設計學校Domus Academy的創校人之一。

02

吉井仁實

Hiromi Yoshii

東京和紐約之間推動當代藝術的佼佼者
村上隆和橫尾忠則等藝術大師的幕後推手

Hiromi Yoshii

吉井仁實，一九六七年生於東京。他在經歷位於銀座的吉井畫廊之後，一九九九年成立hiromi yoshii edtion，企畫並出版杉本博司[1]、橫尾忠則[2]等藝術家的版畫作品。二〇〇一年，在森大樓六本木地區的開發案中，他策劃完成六本木Complex畫廊，引介當代藝術作品，引起媒體熱烈討論，為原本就熙來人往的熱鬧街道，帶來更多的人潮。他聚焦九一一之後的日本國內外藝術家，同時積極向海外引介日本藝術家。

憑感覺即可欣賞的當代藝術

吉井仁實的父親在銀座經營畫廊，主要經營印象派、近代藝術等作品。從小他就沈浸在畢卡索、塞尚等西洋美術及日本古美術作品的環境之中；而且，他經常接觸諸多藝文界人士，在交流談話之中，薰陶培養他以真摯的心情面對「美」。

學生時代，他接觸到當代藝術，相較於印象派或近代藝術，他體認到當代藝術其實非常簡單、直接、易解，不需要太多的專門知識。因為當代藝術是「當

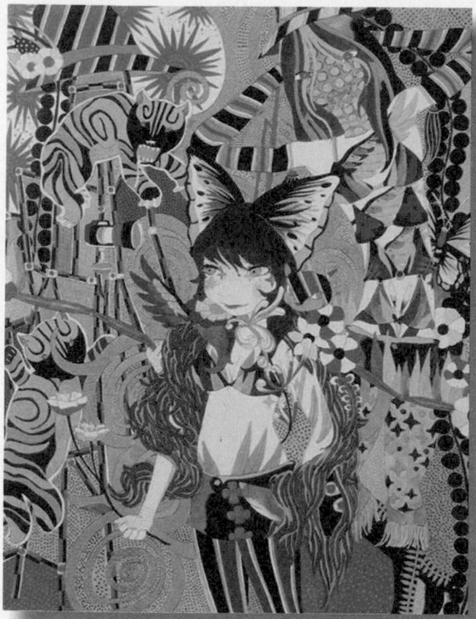

◀榎本耕一，一九七七年生於大阪，吉井仁實畫廊關注的日本當代畫家，畫作的特色為炫爛斑斕的顏色以複雜裝飾性圖樣延伸至畫面整體，以漫畫手法繪製的少女面容，融入其中。少女的神情或是冷酷、或是挑釁或是奔放。二〇〇四年在吉井仁實畫廊首次發表個展《Blue in gas light》。圖為二〇〇六年榎本耕一畫冊《MIWA》的封面圖像。

▼二〇〇六年由hiromi yoshii edtion 發行的榎本耕一和泉太郎作品合輯。榎本耕一主題為「Pigeon's Riot」，市原研太郎評論「或許繪者正引領我們到主客完全透明、彼此精神交融的革命性境界……。」針對泉太郎的主題「Trolley」，市原則說「泉太郎的錄像作品是荒謬的一人戲劇，透過像小丑般的角色，創造小遊戲，努力轉化日常生活的壓迫性。」

▲左邊兩幅為榎本耕一作品，右邊兩幅為泉太郎的錄像作品。

二〇〇九年五月三十日至六月二十日在吉井仁實畫廊推出的《作品431號：想／不想》（Work No. 431：Thinking / Not Thinking），為音像裝置展。Martin Creed生於一九六八年，蘇格蘭藝術家，二〇〇一年英國泰納獎（Turner Prize）得主，最負盛名的創作為《作品二二七號：燈光閃爍》(Work No. 227: The lights going on off）。圖中的黑膠唱片為本次展覽的音樂作品，詞曲創作及演唱皆為Martin Creed。

代」的藝術家詮釋「當代」，透過藝術家異化令人厭倦的日常景觀，蘊藏著紓解瑣碎繁雜思緒的力道，幫助現代人解放壓力；所以，一般大眾根本無需刻意鑽研艱澀的專業知識，只需憑藉自己的感覺，自由體認欣賞即可。

跨越世代鴻溝的當代藝術

他還認為當代藝術能夠填補世代間的代溝。在某次畫廊舉辦的當代藝術展覽中，他觀察到一對祖孫興奮開心地欣賞著作品，那位爺爺向吉井表示，無論是書籍或電影，他總覺得不容易和孫女分享，似乎總有世代鴻溝橫跨在祖孫之間；但是兩人一起欣賞著眼前的當代藝術作品時，竟然能夠產生同樣的驚喜、歡笑和感動。讓吉井強烈感受到自己持續引介當代藝術的意義，因為藝術能夠成為連結跨越世代的溝通工具。■

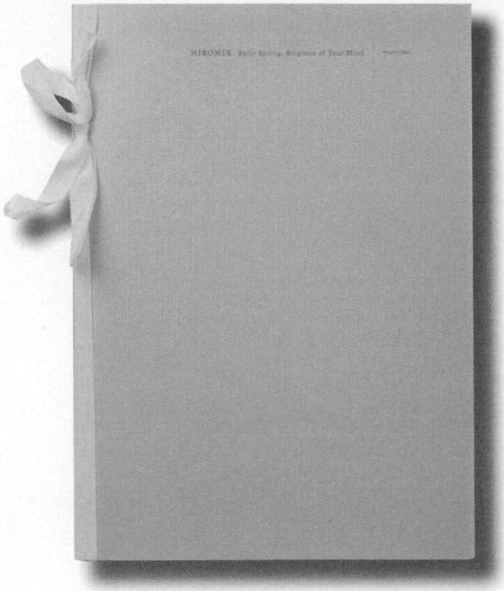

二○○九年四月中吉井仁實畫廊舉辦女攝影師HIROMIX個展，展覽名為《HIROMIX：Early Spring,Brighten of your mind》。HIROMIX，一九七六年生於東京，本名利川裕美（Toshigawa Yumi）。一九九五年高中時以Konica Big Mini傻瓜相機拍下自己日常生活的照片，編輯後參加Canon主辦的寫真新世紀攝影比賽拿下荒木經惟賞，堪稱亞洲當代攝影新秀，掀起了日本女性傻瓜相機自拍風，帶動了女性攝影師的風潮。圖為攝影展目錄。

二○○七年由THE BOOKMAKERS 出版的《Kent Henricksen：A season of Delight 》一書。Kent Henricksen 生於一九七四年，美國紐約當代藝術家，他的創作特色在於透過使用各種技術、媒材，如繪畫、麻布刺繡、壁紙和雕塑，創造出一獨特的世界。既有趣又讓人毛骨悚然，參考古典的意象又帶著現代的敏感性。他的作品在美國、日本畫廊皆有展出，二○○九年三月曾在吉井仁實畫廊展出，名為《Fear Eats the Soul》。

吉井仁實的當代藝術學10問

Tammy Kawamura × Hiromi Yoshii

01

當代藝術有國界嗎？村上隆運用日本「御宅族次文化」，天明屋尚[3]運用江戶浮世繪的表現，這是否表示當代藝術仍存在著國界的限制？

當代藝術廣受全世界的歡迎，但我認為的確仍有國界的存在。舉例而言，亞洲女星前往好萊塢發展時，總是必須刻意展現亞洲女性之美，否則難以打入市場。藝術也是同理可證。但是，這是一種媒介的手法，為藝術家打開邁向世界的大門，然後透過各種文化資訊的交流，整合世界藝術的環境。

02

代表日本當代藝術的風格是什麼？日本的美學是否對全世界有更進一步的發展？

日本的當代藝術有兩種面向，一是以漫畫或卡通為靈感的作品，例如村上隆先生的作品；二是以自然現象為靈感，例如杉本博司的作品，他的作品恰好和村上先生的作品形成兩極化對比，但是兩人都獲得全球性的成功。

03

村上隆曾表示自己的作品廣受歐美的高度評價，但卻不受母國日本的歡迎。請問您如何解讀？

日本藝術家前往海外發展時，總是必須刻意彰顯自己是來自日本，才能在歐美藝術界一決勝負。因為，即使是相同的作品，歐美總是領先一步，所以日本藝術家創造作品時，必須在作品中加入日本或亞洲的意識，才得以有所區別。

但是，日本國內卻佯裝不知這點，所以給予在海外發展藝術家的評價才會有所不同。

目前，當代藝術市場的主體是美國及歐洲；想要打進歐美市場，就必須呈現獨特的日本風貌，否則難以切入。

我很榮幸能和村上隆先生多方合作，並且私交甚篤。村上隆先生可說是一位領頭衝鋒陷陣的全能型天才前鋒，他是藝術家，也是文案寫手、行銷專家，更是一位擁有畫廊的經營高手。他不斷挑戰自己的極限，甚至能將自己的弱點轉化為優勢。

同為日本人聯手進軍歐美市場時，通常不易獲得預期的成果；村上先生熟知這點，因此他會借助歐美人之力。村上先生經常如此譬喻，在一級方程式賽車中，日製引擎的車輛，加上日本賽車手，一定不可能獲勝；

但是，如果換成是歐美賽車手，則能夠勝出。村上先生深諳這種借力使力的道理，並且感覺敏銳，這是與生俱來的才華。安藤忠雄先生也是如此，他能夠從事建築設計，還能自我宣傳、承攬業務。一位藝術家要能夠達到這種全能境界，實在非常少有。

04

除了經紀當代藝術作品的交易之外，您也在世界各地策劃展覽，皆獲得空前的成功。請您談談這兩項工作的經驗。

日本、以至亞洲整體的藝術市場，相較於歐美，還只是屬於幼童學步階段，所以必須借助歐美市場。因此，我在歐美市場投注了不少心力。

身為畫廊參展者，每年約四至五次，我會攜著日本藝術家的作品參展，在多次經驗下，我逐漸掌握各藝術展覽會的特色、喜好與氛圍，並瞭解作品的選擇方式，據此擬訂戰略。不過，第一次參展時，真是令我大受衝擊。在海外的藝術展覽會中，不僅是藝術相關人士，連一般人士都扶老攜幼，全家出動前來會場參觀。沒想到在歐美國家，欣賞藝術作品，進而購買藝術作品的意識，竟然滲透的如此之深，也如此普及，難怪常在開幕典禮時，展示作品就銷售一空。

藝術家通常會委託畫廊管理銷售自己的作品。畫廊也經由這種合作關係，挖掘更多擁有才華的年輕新銳，為其舉行展覽，幫助藝術家成長。因為，很少有藝術家能夠在初次問世時，就一戰成名。畫廊其實投注了龐大的金錢和時間在培育藝術家上。

目前，日本畫廊所進行的企畫多半只意識到日本國內，我認為接下來應該放眼亞洲，組成亞洲團隊，策畫具有亞洲規模的戰略，才能創造新時代。

舉例而言，六本木Hills中的森大樓將舉行中國藝術家的大型聯展。類似這種的大型展覽，能夠創造熱烈話題，達到十足的效果。所以，我認為應該先集結亞洲各國之力，立足亞洲，再共同進軍世界。

05

目前，全球的藝術展覽呈現複合式傾向，表現手法越來越豐富多樣化；觀眾幾乎可說是去參觀展覽會本身，而非欣賞展示的作品。您在策畫展覽時，通常有什麼想法呢？

綜觀美術過往的歷史，有繪畫也有攝影，然後出現當代美術，接下來的發展應該是綜合藝術的時代。這就像是流行，即使名牌物品齊備，但是還必須觀察整體搭配是否得宜。因此，接下來的時代在於整體策畫是否協調得體。

二〇〇六年的夏天，我曾在紐約的Deitch Project畫廊舉行《在現實之後》（After the Reality）展覽會。Deitch Project畫廊是向世界藝術相關人士發信的中心地，這次的展覽會對我畫廊所屬的藝術家而言，更是一個向世界發聲的難得機會。前來參訪Deitch Project畫廊的都是當今藝術界的傑出人士，影響力無限。在開幕之前，我每天惶恐不安，擔憂萬一反應冷淡，旗下的藝術家恐怕將永無見天日之時，在世界藝術發信中心策展時，總是需要堅強的心理建設。

所幸，展覽會開幕典禮當天，盛況空前，一掃我的所有不安。

二〇〇六年吉井在世界當代藝術具影響力的畫廊Deitch Project，策劃了《在現實之後》展覽，參展的日本藝術家包括了東義孝（Yoshitaka Azuma），榎本耕一（Koichi Enomoto），泉太郎（Taro Izumi），Soishiro Matsubara，大城絢（Aya Ohki），和藝術團體ENLIGHTENMENT（一九九七年由HIRO杉山成立）。圖為該展覽手冊。

06

畫廊現場交易和網路交易，兩者之間有哪些差異呢？網路上的交易市場也是開放價格嗎？

從前，藝術作品的買賣是基於個人之間的信賴關係，私下秘密進行，價格不公開，毫無透明性。許多權貴世家不輕易放手名家的作品，即使不得不割愛，心中總覺得內疚不安。

後來，演變成為在公開場合進行買賣，藝術作品如同股票或債券般的投資方式，得以有選擇權，而且作品的年代、藝術家當時的創作靈感、保存狀態等細節都詳細公布，價格便得以客觀標定。

藝術買賣市場中，拍賣公司扮演著重要角色。七〇年代以後，拍賣公司逐漸興起，據説在這個時期，不少華爾街的交易專業人才、趨勢分析人才，逐漸轉向投身這個行業。或許，當時是因為尼克森事件，造成美元貶值，以及通貨不斷膨脹，促成這股趨勢。不過，拍賣公司的抬頭，統整藝術買賣市場的結構和秩序，擴大市場規模，更增加作品和價格相關資訊的透明性，促使藝術作品成為更有價值的資產。

網路能夠為市場營造透明性和民主性。從前，藝術作品的價格令人無法得知，現在透過網路的標示，清楚公開，增加透明性；如此一來，更多投資者或收藏家願意投入藝術市場，能在一般金融市場之外，創造另一

Jeffery Deitch為紐約最大藝廊Deitch Project老闆，與吉井仁實有合作關係。

種經濟效益。

專家擁有專業素養，瞭解藝術家的作品和創作歷史，因此能夠掌握作品的價值所在；不過一般人難以獲知這些知識，所以這正是我們需要努力改善之處，讓更多人能夠輕鬆得知這些資訊，不再只是徘徊在藝術門外，遍尋不著入口。然而，網路的確是一個深具利用價值的好幫手，在親自前往畫廊現場參觀或購買藝術作品時，不妨事先利用網路蒐集資訊，相信能夠有所助益。

07

金融風暴之後，對藝術交易市場的影響是什麼？

九〇年代是多元文化主義的鼎盛時期，但是在二〇〇一年九月十一日之後，宣告著多元文化主義（multiculturalism）已達極限。這件前所未有的歷史慘劇，催生九一一之後的新藝術潮流，以紐約為中心，並擴及美國、歐洲全土。我和美術評論家市原研太郎[4]稱之為「在現實之後」，我們以此為主題，積極向世界介紹新藝術家。

其實，在九一一之前，對於美式帝國主義的強烈反抗心，積蓄已久。而在藝術世界中，多元文化主義逐漸呈現單一集中化的傾向，各種運用異國風貌的國際展現手法也呈現窘境。於是，在國際貿易中心大樓的倒塌

二〇〇六年吉井仁實與參加《在現實之後》展覽的藝術家合影。

景象之中，真實景況的面貌被揭開，瓦解美國偽善、虛假的多元文化主義，促成國際新市場、新富階級的崛起。

九一一並非只是政治宗教事件，對藝術創作而言，促使藝術家追求更具規模、更具現實感的視覺性。

雷曼兄弟倒閉等事件所引發的全球性金融危機，當時我剛從紐約和巴黎返國。在紐約的藝術畫廊分店開幕當天，剛好紐約道瓊工業指數大跌，我原本以為當天的開幕酒會氣氛會陷入一片愁雲慘霧，但是，令人意外地現場氣氛相當開心歡樂。

這波金融危機確實對藝術市場造成嚴重衝擊，俄羅斯等國家的新富階級，在金融危機之後，收藏家的確減少對藝術的投資；所幸歐洲收藏家仍舊持續投資藝術作品。而且這次，我在紐約親身感受到實力雄厚的傑出藝術家仍是炙手可熱，人氣絲毫不受影響。

紐約在九〇年代後期，朱力安諾市長將藝術視為投資事業，編列幾百億的預算，修建觀光、飯店等環境。藝術作品存在於這些環境，不僅具有宣傳效果，還形成交流空間，增加職業雇用機會，具有改變環境、社會、增進經濟效益等多重效果。藝術作品不再是富人專屬的奢侈品，而是能夠回饋社會，創造經濟效益。所以，您提到台北市現有的美術館不多，不過，我想只要願意投資，相信能夠創造另一種經濟奇蹟。

日本在八〇年代後半的泡沫經濟時期，建造了多座美術館，普及率可說是亞洲之冠，幾乎是每個社區就有一間美術館。我希望未來能夠善用這些美術館，介紹更多亞洲的藝術家。因為，日本的藝術家能夠獲得世界矚目，都是藉由歐美美術館的引介，才得以獲得今日的成果；當然這些活動也能在中國或台灣的美術館進行交流，如此一來，還能逐漸消彌國界，達到藝術融合的境界。此外，我還希望藉由日本畫廊之力，除了畫廊旗下專屬的藝術家之外，能夠更為廣納亞洲各國的藝術家，帶動亞洲的藝術環境。

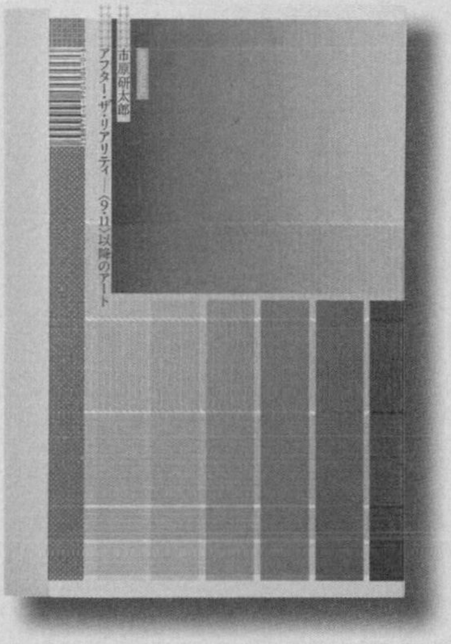

吉井仁實和知名美術評論家市原研太郎對當代藝術有一致的解讀， 在二〇〇一年九月十一日之後，催生了新的藝術潮流，亦即打破多元主義的和諧假象，回到重新面對現實，這樣的潮流以紐約為中心，並擴及美國、歐洲全土。市原研太郎為此書寫了《在現實之後》的論述，評論九一一之後的藝術現象。

08

您經常表示欣賞當代藝術是一件生活化的事情，即使是一般上班族或家庭主婦，都能夠擁有自己的收藏。請問一般人想要開始進行投資或收藏時，要如何掌握當代藝術的資訊呢？對於不熟悉的國外藝術家，有什麼入門方法呢？

文藝評論家小林秀雄[5]在《追求美的心》中，曾提及欣賞當代藝術的秘訣，不是學習，而是讓自己習慣。不少人表示看得懂以前的畫，但是對於畢卡索等近代的繪畫作品，實在看不懂。小林秀雄表示，因為大家已經「看習慣」以前的畫了，看不懂畢卡索的作品，只是因為「看不習慣」。所以大量欣賞，大量觀看，「看習慣了，自然就看懂了」。就像是原本不知道大海長什麼模樣，所以懼怕，但是每天在海邊散步，或在海中游泳，習慣了，就不再害怕了。當代藝術的欣賞也是相同道理。

此外，或許有人在畫廊欣賞當代藝術作品時，內心會想著：「購買這幅作品回家之後，究竟要裝飾在哪個地方呢？」最初將作品購買回家之後，或許只會將藝術作品視為裝飾品，但是這幅作品存在於自己每天的生活當中，感情會逐漸產生，成為自己日常生活的一部份。各位讀者，生活在藝術之中真的是一件愉快幸福的事情啊。所以，別擔心不知道作品應該擺放在何處，只要自己的內心感動，任何地方都可裝飾擺設。希望各位在欣賞作品時，盡量充分發揮想像力，當作是一場小小旅行，解放自己，盡情享受。

泡沫經濟時代的作品買賣，資訊集中在著名收藏家或拍賣公司等少數人士的手上，造成部分一般消費者由於資訊不足，而蒙受損失。但是現在網際網路普及，作品的相關資訊越來越充實，藝術買賣市場可以說是前所未有的民主化。

資訊蒐集方式除了運用網路之外，還可詢問畫廊的工作人員，或是藝術投資顧問等。網路可搜尋拍賣公司、畫廊的網頁，或是著名策展人的部落格，這些都是能夠有效運用的網路資源。

此外，參觀藝術展或國際展也是取得資訊的方法。無法親自前往海外觀賞作品時，則可以利用假日參觀國內舉辦的國際展。

或許一般大眾在最初無法購得幾百萬、幾千萬的真跡作品，但是能夠先藉由作品的複製品、海報、畫冊等，慢慢理解、享受藝術家和作品的風格。例如，喜愛村上隆的作品，但是過於昂貴，難以購得入手；但是換個角度，先從尋找類似村上隆風格的新藝術家開始，慢慢研究和學習如何購買收藏藝術作品。

09

中國的新興藝術和當代藝術不斷創造高價交易，當代藝術的投資是否真的前景看好呢？

藝術風潮有其形成軌跡，舉例而言，日本在八〇年代後期的土地泡沫經濟中，創造新富階級。這些新富階級蒐購歐美的藝術作品，例如印象派等近代藝術作品，引進日本，因此培育許多年輕藝術家。在最近二、三年內，中國也有不少新富階級的崛起，熱中蒐集並學習當代藝術的知識和資訊，因而影響中國的新銳藝術家，幫助其成長，進而培養實力，這些都是珍貴的文化財產。

普普藝術等當代藝術風潮，對新富階級而言，簡明易懂，容易入門，所以才屢屢創下交易新高。例如普普藝術巨匠安迪·沃荷的毛澤東肖像畫，就創下約二十億日圓拍賣的新高紀錄。

中國收藏家不僅投資海外藝術家，也大量投資本國的藝術家；所以，為了迎合這些需求，最近的藝術作品拍賣型錄中，中國藝術家的作品常佔了三分之一的篇幅。

但是，很多事情絕非一蹴即成，就像是企業的成長，第一代努力創業，紮下根基，第二代致力守成，第三代創造嶄新形式，靈活運用資產。所以，這種投資藝術的思維，尚須時間的考驗；日本花費十至十五年，藝術市場才逐漸成長。

最近的金融風暴，導致大家緊縮荷包，不願意多花錢。其實藝術作品就像購買豪宅、高級房車等奢侈品般，提供大眾另一種投資運用管道；現在的投資，日後反而能成為珍貴的財產。

此外，教育也是非常重要的。不僅限於日本或中國原有的藝術知識，必須提供更多全球的當代藝術資訊。

10

請您推薦今後值得注目的藝術家。

通常畫家創作自畫像，都是描繪自己的臉孔，不過，有位藝術家Josh Smith，他則是以各種語言書寫自己的姓名，作為另一種自畫像的形式。他出生於沖繩的美軍基地，我曾邀請他前來我的畫廊舉行展覽。

此外，另一位日本藝術家束芋，她以獨特的描繪能力，幽默諷刺地展現日本獨特的傳統風俗民情以及當代社會，例如澡堂、廚房、紙牌遊戲等，二〇〇一年，她成為橫濱三年展，有史以來最年輕的參展藝術家，卡地亞財團也收藏她的作品，我相信她將來必有更長足的進展。不過，她的作品並不昂貴，曾經有位年輕女性前來詢問我，她的預算並不多，約四、五萬日圓，想妝點自己的房間更具知性氣氛；於是，我推薦她購買東芋的版畫作品。幾天之後，這位女性再度來訪，開心地感謝我，還加購東芋的畫冊。所以，當代藝術其實非常親民易解，隨時敞開大門，歡迎各位的來訪。

最近幾年，女性攝影家非常活躍像是HIROMIX等人，我覺得女性比較不吝惜展現內心世界，因此蘊藏更多豐沛感情。除了日本之外，亞洲的女藝術家尚未進軍世界，或許這是源於男尊女卑的概念，例如韓國、中國、泰國等，都存在這項傳統觀念，再加上美術教育尚未屬於基本教育，日本的美術大學中，女學生已佔有六至七成的比例，然而，北京的藝術大學則九成以上都是男學生，女學生多半朝向舞蹈或演員之路發展，所以還不容易培育女藝術家。韓國雖然已有女藝術家嶄露頭角，但是這位女藝術家從高中以後，就在美國接受教育。不過，世界在改變，亞洲也在改變，相信未來一定會出現更多中國、台灣等亞洲女性藝術家。

註釋

Hiromi Yoshii

1、**杉本博司** 生於一九四八年，東京出身。美術作家，攝影家。一九七〇年赴美學習寫真，一九七四年移居紐約。七〇年代後期，發表「西洋鏡館」、「劇場」、「海景」等攝影系列作品，以共通的「時間」概念，使用視覺展現內心世界，因而受到紐約藝術界的矚目。九〇年代中期，發表以京都三十三間堂內一千零一座千手觀音的「三十三間堂」新系列，試圖呈現宗教的「時間」；以模糊攝影手法呈現近代著名建築外觀的「建築」系列；一九九九年，以倫敦瑪莎夫人蠟像館為背景拍攝的「肖像畫」系列，嘗試以視覺表現藝術、創作領域裡的「時間」。

2、**橫尾忠則** 生於一九三六年，兵庫縣出身。藝術家，平面設計師。他的活動領域範圍廣泛，八〇年代後期，他專注描繪氣勢澎湃的瀑布；二〇〇〇年之後的「暗夜光路」系列，則集中描繪Y字岔路。此外，他經常現身各類媒體，一九六九年在大島渚執導的電影《新宿泥棒日記》中擔綱演出，官方網頁中的橫尾忠則日記更新頻率高，也獲得高點閱率，有媒體型藝術家之稱。此外，他還設計雜誌封面、音樂專輯封套、寶塚劇團海報等。他的著作等身，有《橫尾忠則遺作集》、《超私的橫尾忠則雜誌》、《我的坐禪修行記》、《UFC革命》、《涅盤境》、《溫泉主義》、《名畫裸婦感應術》等多本；二〇〇八年，第一本小說《BRUURANDO》獲得泉鏡花文學獎。

3、**天明屋尚** 生於一九六六年，東京出身。原在唱片製作公司擔任藝術總監，後來專心藝術創作。日本浮世繪風格的畫風，廣受海外好評。他宣示自己是「武鬥派」，將以繪畫挑戰傳統的權威美術體制。二〇〇六年世界杯足球賽，十四位藝術家製作的官方藝術海報中，他是唯一的日本人。

4、**市原研太郎** 生於一九四九年。京都大學畢業。美術評論家，京都造型藝術大學教授。曾為美術手帖等雜誌、報紙、展覽會畫冊等雜誌撰稿。他還參與經營六本木的畫廊magical ARTROOM。著作有《Gerhard Richter/光與假象的繪畫》、《Sigmar Polke/無理想的崇高》等。

5、**小林秀雄** 生於一九〇二年，東京出身。文藝評論家，有日本戰前知性代表巨人之稱，為日本確立近代評論的基礎。東京帝國大學法文系在學期間，就已經開始執筆生涯，文學造詣深厚。一九三〇年以來，擔任《文藝春秋》時事評論；一九三三年，他與川端康成等人創刊《文學界》。除了文學活動之外，他還探求藝術家的創作活動，撰寫《梵谷的信》等著作。一九六七年，獲頒文藝勳章。一九八三年逝世。

03

寺田和正

Kazumasa Terada

從負債四億五千萬日圓到日本第一的皮包品牌
帶給女性無限幸福感的銷售哲學

Kazumasa Terada

寺田和正，一九六五年出生於廣島。就讀駒澤大學經營學部期間，曾休學前往加拿大留學。大學畢業後，先進入野村貿易商社，體驗一般上班族的生活，並藉此擴充人脈與增長見識，為將來的創業紮下了根基。一九九四年，創立日本人氣皮包品牌Samantha Thavasa。他先後找來深具話題性的國際巨星、名流，像是希爾頓姊妹、維多利亞·貝克漢、碧昂絲等人為該品牌代言，成功打造成日本女性消費者心目中的皮包第一品牌。

大社長的人生行動方針——感受、思考、行動

寺田和正為家的中老么，上有兄姊。從小他就非常崇拜祖父創業起家，父親繼而發揚光大的企業家精神，立志要承繼家業。但是長大之後，他獲知自己是次男，絕對不可能承繼家業的殘酷事實之後，決心自行創業。因此從中學開始，他就經常利用想像遊戲，訓練自己的商業感性。例如，他到東京旅行時，第一次看到大排長龍的可麗餅店時，腦中就盤算這門生意如果引進廣島，是否

能夠創造熱潮；或是在家中看電視時，看到報導的新上市商品，就預測這項商品是否能夠暢銷，日後再檢證自己的預測是否正確。

為了實現自己的理想，他深知機會是給準備萬全的人，因此他隨時隨地充實自己。學生時代，他就跟著父親前往高爾夫球場練球，除了學習應對進退、拓展人脈之外，他還領悟到在球場上，能夠看出一個人的真性情。

雖然寺田不斷提昇自己，但是真正促使他下定決心發展生意，源由於父親突然腦中風，緊急入院。當時寺田正在加拿大求學，父親嚴厲囑咐家人不可告知他，以免耽誤他的學業。不過母親偷偷在電話中告知寺田，並傳達父親要他繼續求學，不必回國探望之意。當時寺田才深深體會到父親對自己的期待與關愛。因為從小寺田的學業成績表現不如兄姊優異，寺田總覺得自己受到差別待遇；甚至當寺田表明打算出國深造時，父母毫不理會，還是寺田設法向疼愛自己的祖母求援，才得以成行。而在外求學期間，每個月家裡寄送四百美元的生活費，寺田覺得根本不夠花用，內心忿忿不平，滿腹怨屈；但是聽聞父親病倒時，他才驚覺自己身在福中不知福，絲毫不懂得感激父母的用心良苦。於是他順從父親之意，橫下心來，繼續留在加拿大進修，同時他也決心不再接受家中資助，自立自強，養活自己。所幸寺田的父親在接受治療之後，康復出院。

即使留學加拿大，寺田仍舊前往高爾夫球場練習球技。加拿大高爾夫球場收費合理低廉，學生、一般民眾都能輕鬆入場，不需擔憂昂貴會費。寺田運用在高爾夫球場認識的球友，首先開始派遣加拿大英語教師到日本的仲介服務。

當時的日本對歐美而言，還是一個很陌生的亞洲國家；而日本企業剛好面臨逐漸拓展的事業國際化，極需英語教學人才。於是寺田派遣休假空閒期間的加拿大人，前往日本從事英語教學，在課程之餘，還能認識旅遊日本。這項看似能夠一舉數得、創造雙贏的事業，卻旋即告終。寺田反省失敗的原因，在於自己不曾花心思關懷照顧身在異鄉生活的加拿大人，所以造成他們前往日本不久之後，便因思鄉而立即返國。有鑑於此，寺田現在非常貼心關注公司員工的福利。

寺田毫不氣餒，他有感於日本國內的皮衣價格昂貴，相較於加拿大，幾乎相差二至三倍。於是他再起爐灶，借助在日本高爾夫球場認識的商社社長之力，著手進行皮衣進口生意。他先在日本各地方銷售點，以限量特賣方式銷售加拿大皮衣。由於價格便宜，往往立刻銷售一空。寺田因此賺得第一筆資金。

有鑑於兩項事業的經驗，寺田深刻領悟到坐而言，不如起而行的道理。他為自己制訂了未來的人生行動方針「感受、思考、行動」，並更加堅定創業的夢想。

從四億五千萬日圓的負債到日本第一的皮包品牌

從加拿大返國，並完成大學學業之後，他首先進入商社就職，當個一般上班族，累積專業經驗，為創業做準備。在商社工作期間，有次下班之後，他與一位能力卓越的主管喝酒談天。幾杯黃湯下肚之後，這位主管開始哭訴自己懷才不遇，有志難伸。事實上，這位主管才華過人，只需付諸行動，成功根本有如探囊取物，輕而易舉。但是這位主管卻只等著他人為自己開路。當下寺田心想：「我絕對不能成為他。」且再次確認只有貫徹自己的行動方針「感受、思考、行動」，才能為人生創造結果與成功。

三年後，他辭去商社職務。一九九一年，二十五歲的寺田成立海外品牌進口代理公司。三年後，他感到代理進口品牌商品，僅是為人作嫁，於是自創品牌Samantha Thavasa，設計製造女性用皮包。

寺田認為目標設定遠大，才能激勵自己努力向前邁進；所以在品牌創立之初，他就立下「日本第一」的目標。不過，人生不如意之事十有八九；一九九七年四月，日本政府提漲消費稅，造成消費意識降低，商品滯銷。寺田的公司商品遭到大量退貨，導致公司資金一時週轉不靈，為了填補漏洞，逼不得已，寺田只好不斷貸款。不到半年的時間，貸款總金額竟然已經高達四億五千萬日圓。

面對債臺高築的窘境，寺田毫不逃避。他首先縮小事業規模，然後向銀行、廠商懇求寬限償還期限，再著手開發嶄新商品。這段期間，寺田備受煎熬考驗，不僅差點連累家人，還遭人辱罵，他只能低聲下氣，道歉賠罪。在這樣的逆境中，寺田始終秉持著正面思考的態度，反而認為這是上天賜予自己重新出發的良機，甚至還覺得非常開心，能夠認清找到「患難見真情」的換帖朋友。

寺田與公司職員齊心協力，胼手胝足，共渡難關。為了節省經費，自己親自上陣裝貨打包，裝貨的場所，就在公司前方的公園內；由於公園是露天的，所以聽到天氣預報下雨時，還得提前作業，免得無法準時出貨。裝貨的紙箱，寺田利用便利商店的廢棄紙箱；然而廢棄紙箱的數量畢竟不敷使用，必須另覓代用品。湊巧當時有間倒閉的海苔工廠拋售大量未用紙箱，海苔是怕潮濕的商品，紙箱必須備有防潮功能，正好符合皮包的需求。寺田便宜購入這批紙箱。所以，有陣子，寺田的皮包被戲稱為「裝在海苔紙箱內的Samantha Thavasa」。

隨時檢視目標，隨時修正的勝利方程式

在寺田不畏艱難的帶領下，公司逐漸脫離困境，步上正軌。這時，他並未停下腳步休憩，立即重新檢視目標，將「日本第一」修正為「邁向全世界」。寺田認為沒有事情是恆久不變的，所以隨著時間更迭，必須否定以往的勝利方程式，重新設定。寺田認為其實這與交朋友的道理相同，能夠一起成長的朋友，當然能夠長久往來；但是環境、心境等的不同改變，原本志同道合的朋友便會產生思想上的差異，這時就必須重新開拓新的人際關係。寺田將自己的勝利方

程式的期限重新設定為三年；每過三年，就否定過去的成功模式，仔細審視評估當前局勢，再制訂新的準則，絕對不能一成不變。寺田認為國中、高中、大學都是以三至四年為一個求學階段，所以三年正好是一個轉換期限。

在公司業績逐漸好轉之後，他開始放眼全世界。首先他前往紐約，向高級展示中心提出申請，展示自己的商品，以便尋得優良買家。不過高級展示中心最初並不批准當時還沒沒無名的Samantha Thavasa，但在寺田不屈不撓地交涉下，終於獲准得到展示機會。之後，Samantha Thavasa在高級展示中心獲得希爾頓姊妹的青睞，逐漸受到矚目。

正面思考、不畏懼變化、結交「好運的人」為他人與自己加分

從谷底深淵爬起的寺田，記取著每段失敗的教訓。除了自己的努力不懈之外，周遭親友是他心靈上的最大支柱。在他差點無法翻身再起時，他體悟到無論是在工作或私交方面，他只要選擇自己喜歡的人。在創業之初，曾有幾位生意上的伙伴，口頭上雖然總是稱兄道弟，但是總令寺田的內心覺得不太對勁，導致自己工作時，越來越不開心，越來越無趣。最初，寺田安慰著自己，這是工作，所以必須忍耐。後來證明寺田的內心感覺是正確的。這些自稱有情有義的生意伙伴，在他最無助之時，翻臉不認人，甚至還落井下石，才讓寺田看破一切，不管自己想法是否幼稚不成熟，他決定只與自己喜歡的人往來，只任

用自己喜歡的職員。因為人是相互的，內心真正喜歡對方時，才能夠為對方著想，為對方盡力，接納對方的意見。而通常能夠討人喜歡的人，都是積極正面思考，言語措辭絕不負面，能夠滿足現狀，積極開拓未來。寺田稱這些人是「好運的人」，這並非是宿命論，而是有其邏輯根據。由於積極正面思考的人，相信自己，所以即使遭遇困境，不會只是唉聲嘆氣，怨天怨地，而是積極設法脫困，所以會一直「好運」。如果能夠與「好運的人」往來，自己就能感染「好運」，無往不利。

「感覺、思考、行動」的準則促使寺田不會只是成天作夢，空口說白話。在實際付諸行動之後，為自己「設定遠大志向」，激勵督促自己朝前邁進，並在任何時候「相信自己」、「不畏懼變化」、「正面思考」，然後結交「好運的人」，為自己與他人助力加分。日本本土的皮包品牌，在外國著名品牌環伺之下，不容易竄出頭。寺田能夠闖出自己的一片天，不僅是行銷策略奏效，更源於他獨到的行事方式，值得參考。■

Samantha Thavasa公司旗下品牌簡介

Samantha Thavasa的皮包風格甜美、可愛、女性化，且兼具實用性。二〇〇二年，Samantha Thavasa請來美國名流芭黎絲・希爾頓與妮基・希爾頓姊妹擔任廣告模特兒，在日本各大雜誌上曝光，以奢華、可愛又帶點好萊塢風的設計，在日本打響知名度。二〇〇三、二〇〇四、二〇〇五，又分別請來維多利亞・貝克漢、碧昂絲、網球甜心莎拉波娃（Maria Sharapova）與潘妮洛普・克魯茲姊妹為不同系列代言。這一連串的行銷策略，將Samantha Thavasa塑造成日本女性心目中本土皮包第一品牌。

Samantha Thavasa依據不同的顧客族群，陸續發展出不同的產品線，風格跟價格都有所區隔，目前旗下的品牌包括：皮包有Samantha Thavasa、Violet Hanger、Samantha Vega、SAMANTHA THAVASA NEW YORK、Samantha Thavasa DELUXE、Samantha Thavasa Petit Choice；珠寶、飾品有Samantha Tiera（高檔路線）和SAMANTHA SILVA（流行路線）。

Samantha Thavasa目前在日本國內有七十五家分店，Samantha Vega有四十三家分店，Samantha Tiera有二十六家分店，二〇〇六年成立男性產品線Samantha KINGZ，在國內有十家分店，並於紐約成立日本以外第一家店面，至二〇〇九年二月Samantha Thavasa公司國內外共有一百八十一家店銷售旗下各品牌的產品。

Samantha Thavasa品牌近幾年來亦是日本當地時尚雜誌的寵兒，幾乎每個月品牌的產品皆會出現在如CASSY、WITH、CanCam、SWEET、MISS、non-no、VIVI、JJ、Ray、GINGER、Popteen、Seventeen等流行雜誌的搭配專題。也和WITH、Seventeen等流行雜誌異業結合共同推出專屬商品，創造話題，讓品牌永遠活力充沛。

閃亮、甜美、女性化的細節，精緻的質感，是Samantha Thavasa皮包呈現出的氛圍。寺田覺得銷售Samantha Thavasa皮包，其實是創造出一種全新的消費樂趣。可以說是興奮或心動，販賣得是「開心」，也就是所謂的奢侈品產業，亦即像香奈兒或LV這類具有附加價值的產業。

寺田和正的品牌經營學

15問

Tammy Kawamura × Kazumasa Terada

01

您是在什麼樣的情況下，決定進入品牌市場（Brand Marketing）？為什麼選擇販賣皮包？

我之所以會以皮包做為主要商品，是因為皮包要辨識出品牌非常容易。品牌的代表性商品是汽車，車子也是一看就知道是哪家公司出產的；還有，手錶也是一看就知道牌子；衣服不看吊牌通常是不知道品牌的。皮包跟汽車一樣，一眼就能認出是哪家公司出品，非常好做出品牌。因為我想要打入品牌市場，便選擇了皮包。

02

Samantha Thavasa底下的副牌，像是Samantha Thavasa Deluxe、SAMANTHA THAVASA NEW YORK、Samantha Vega、Samantha Tiara等，在市場上怎麼區隔？

Samantha Thavasa雖然是旗艦品牌，但是日本是不用「已婚的女性」（Mrs.）和「未婚的小姐」（Miss）來區隔品牌的。未婚的小姐當中，有女大學生，也有才出社會一、兩年的上班族，甚至有二十五歲以上、三十歲的人，有高中生、也有大學生……，像這樣一層一層的。

女大學生有女大學生的流行，女高中生有女高中生的喜好，Samantha

Thavasa最初鎖定的是女大學生，其中又以二十一歲左右的人為主要對象。但是成功建立品牌之後，我們希望不只二十出頭的消費者使用我們的皮包，十八歲甚至三十歲的人也能使用我們的皮包，所以我們發展出給女高中生和女大學生用的Samantha Vega，以及訴求女性上班族的Samantha Thavasa Deluxe，像這樣一路調整。

至於 Samantha Tiara，它是珠寶事業。雖然 Samantha Thavasa 並未製造珠寶，但是同樣用Samantha這個名字、採取相同的切入點，Samantha Thavasa販售皮包、Samantha Tiara販售珠寶。從品牌行銷的角度來看，要從皮包發展珠寶事業很困難，因為後者的單價高。我們的行銷考量是：藉由 Samantha Tiara 的高單價來提高 Samantha Thavasa 的單價，因此Samantha Thavasa 才又開發出 Samantha Tiara。

03

您將來有沒有打算再開發新的品牌？現階段有限量商品嗎？

目前沒有這樣的打算。但是我剛開了一家叫做「EiGHT MiLLiON」的複合店，客層涵蓋十幾歲到四十幾歲、乃至五十幾歲的男性及女性。複合店的商品經過嚴選，像是Alexander McQueen（編按：亞歷山大・麥昆，英國知名設計師，多次贏得年度最佳英國設計師獎），鞋子則有

正如巴黎有Collette、倫敦有Browns、紐約有Jeffery、洛杉磯有Maxfield，寺田決定在東京創立一個足以代表東京這城市的時尚複合店EiGHT MiLLiON，邀集時尚設計界眾多頂尖好手共同策劃，如佐藤可士和擔任計劃創意總監、高橋和義擔任美容創意總監等，二〇〇八年十二月第一家店於銀座開幕，同月第二家店亦於新宿開幕，本圖為EiGHT MiLLiON新宿店。

EIGHT MILLION
SAMANTHA THAVASA

Frankie Morello，還有其他很多品牌；開始經營這類新的複合事業。目前在「EiGHT MiLLiON」才能買得到獨家限量商品。

04

Samantha Thavasa前後跟眾多好萊塢女星、國際社交名媛、超級名模合作，像是潘妮洛普・克魯茲、珍妮佛・洛培茲、碧昂絲、妮基・希爾頓、維多莉亞・貝克漢及姥原友里等等。請問您是如何跟她們展開合作的？挑選代言人您有什麼標準嗎？您又如何針對每位美女的特色為她們挑選皮包呢？

沒有什麼特定的標準。基本上，我們是將「幸福」當成品牌在銷售，所以挑選合作對象最最基本的，是選擇快樂的人、渾身散發快樂氣息的人。不管是找上潘妮洛普、珍妮佛・洛培茲還是碧昂絲，都是出於這樣的考量。選擇碧昂絲，是因為她與音樂的結合；選擇珍妮佛・洛培茲，則是因為她是女演員……從這種角度切入。另外，我們還找來潘妮洛普的妹妹跟她一起露臉，因為她跟妹妹的感情非常好，兩個人一起出現能表現出姊妹情深的幸福感。不同的時候有不同的標準，根據該標準去選擇合作對象；但原則上我會挑選散發出快樂氣息、而且跟那個時候的活動契合的人。

05

社長眼光很精準，很會看人吧？

她們都非常的努力、非常的認真；碧昂絲在音樂上下功夫，潘妮洛普則努力精進自己的演技。她們是真材實料的人，我只想要跟這樣的人合作。從這個角度來看，或許我很會用人，但這是很理所當然的，因為我只想跟認真、踏實的人共事，結果自然就變成這樣了。

06

不景氣席捲全球，所有名牌商品都面臨前所未有的衝擊。對此，Samantha Thavasa如何應對？進軍海外的計畫是否會有所調整？

不管是什麼時候，進軍海外市場都應當等待時機成熟；基本上，夥伴很重要。光看一個日本市場，日本的流行市場很大，但是仍然有不少歐洲品牌在日本尚未成功。雖然日本是消費名牌的大市場，但是其他國家的品牌要在這裡取得成功並不容易。當然，LV和香奈兒在很多地方都很成功，但是它們旗下的副牌還有得拚。在這樣的大環境下，Samantha Thavasa進軍海外市場能不能立即成功呢？恐怕很難。所以我們想要在海外找尋可靠的夥伴，一起打造品牌。一年前我開始跟許多國家的人見面，為得就是尋找適合的合作夥伴。Samantha Thavasa在台灣相當受歡迎，隨時可以進軍台灣。如果在台灣、北京或中國有好的人選，請務必幫我們牽線。

07

要同步展開嗎？

沒錯。台灣親日；而中國雖大，但還是會排斥日本商品。相對的，在台灣，百貨公司也傾向銷售日本商品，如果要進軍廣大的中國，太躁進恐怕會鍛羽而歸。所以雖然有很多人有意願，但我們還是沒有採取行動。

08

如果要進軍海外市場，您會選擇哪個地方？

亞洲的話，應該會選台灣。真有機會的話，我希望趕緊佈局，把台灣當做擴展亞洲市場的起點。

09

在不景氣之中，您認為消費者想要的是什麼？如何創造消費者照樣捧場的商品？

不景氣也是一個去蕪存菁的機會，能夠在不景氣中存活下來的商品有兩種。一種，是便宜又有附加價值的，例如價廉物美或便宜實用的商品，這種東西能存活下來；早從兩、三年前開始我就一直這麼說。在日本，這類商品最具代表性的是UNIQLO和無印良品，設想周到、穿起來安心……。商品光是便宜並不會暢銷，是要既便宜又好用或者時髦。至於我們，則是創造了不一樣的樂趣。可以說是興奮或心動，我們賣得是「開心」，也就是所謂的奢侈品產業，亦即像香奈兒或LV這類具有附加價值產業。

花了十萬元買了一件商品，若是覺得很開心，那麼這樣的附加價值就能留存。消費者不覺得貴，或者雖然貴但買了會開心，或是擁有它可以炫耀、令人心花怒放。以衣服做比喻的話，就好比像是讓人在週末想穿出門逛街，或穿去約會的衣服。服飾店賣得衣服普普通通、皮包店賣得包包沒什麼特色，應該都很難經營得下去。

從這個角度來看，為了長久經營，我們不可以拚低價。我們要繼續推出能夠令人開心、感動的商品，讓消費者買了 Samantha 的皮包或戴上 Samantha 的珠寶會心花怒放。

10

那該怎麼做呢？

可以從設計出發，也可以從店員的活力中產生，又或者可以從宣傳著手。

11

皮包要賣得好，得有什麼條件？

皮包要賣得好，除了要看宣傳，還要看設計——看設計是否符合時代潮流。兩者若相得益彰，皮包就銷售得好。我們想創造出這種商品，但那不是一天、兩天就做得到的。

12

貴公司曾有過那樣的皮包嗎？

有。這種皮包會起火車頭的作用。比方說，最初是有某種握把的皮包暢銷，然後有模特兒、名流使用，銷路便慢慢打開，之後再出現另一個暢銷款，帶動品牌往上成長。不這樣一段一段往上提升的話，衝過頭就掉下來了。比方說，LV先有Monogram系列，之後再推出麥穗壓紋系列，然後跟美國前衛藝術家Stephen Sprouse合作推出Monogram的塗鴉系列……，像這樣不斷加進流行元素。也有很多品牌不是這樣陸續加入流行元素，而任由它大起大落。這樣只會有一個高峰，大賣之後一旦跌下來，想重返高峰就沒那麼簡單了。一個品牌倘若曾經流行一時，然後完全沒有人氣，想再恢復人氣可說是很難。所以品牌的宿命是「必須持續暢銷」。

13

許多企業都面臨裁員的困境，您希望Samantha Thavasa的工作人員具備什麼特質？在將來的時代，什麼特質的人才能繼續下去？

最重要的是要能認真工作，然後是行動力，如果認真又有行動力的話，不管在哪個時代應該都活得下去。

14

社長本身也擔任「環球小姐」日本代表的評審工作嗎？

當然。從二〇〇五年開始，每年我都擔任評審。當時「環球小姐」在日本算是很舊的選美比賽，大家興趣缺缺，反倒是「日本小姐」或「國際小姐」還比較有名。「環球小姐」的時代雖然已經過去了，但是參加者要跟全球各地的佳麗競爭，而且這在美國是個相當具權威的節目和比賽，因此我想將它跟 Samantha Thavasa 結合，讓這個選美比賽再次發光，並且藉此跟全世界宣揚「日本美」。

15

為了讓全世界認識「日本美」（Japan Beauty），Samantha Thavasa贊助了「日本環球小姐」（Miss Universe Japan）活動。請問在您的心目中，「日本美」是什麼？

「日本美」特別是指女性的優雅、纖細，又兼具行動力。過去，日本的美人儀態高雅，不大拋頭露面，人們常說女人要走在丈夫的身後、保持三步的距離。但是現在不一樣了，現代日本女性個性積極，與男性平起平坐，卻仍保有日本人的優雅、娟秀，只是更加幹練。現在的日本年輕人都有自己的想法，討厭就說討厭、喜歡就說喜歡，我希望全世界能看到日本的這個面向，因此也這麼教育我們的「日本小姐」。今年事情告一段落了，因為「日本小姐」贏得了「環球小姐」后冠，算是了卻我的一樁心願。

SAMANTHA THAVASA NEW YORK 的設計概念，以滿足女性的都會生活為主，選用絕佳的素材，結合機能性的設計，創造出高質感的皮包。這是位於東京千代田有樂町的品牌店。

04

大濱史太郎

Fumitaro Ohama

超越巴黎吸引全球目光的二萬人時尚大秀
企圖品牌化日本的科技新世代

Fumitaro

大濱史太郎，一九七一年生於東京，一九九〇年代末日本崛起的網路企業家的代表人物之一。

二〇〇〇年成立女性時尚網站girlswalker.com，日本第一位以手機作為時尚購物通路的先鋒挑戰者，因而在二〇〇二年獲得〈日本經濟新聞社大獎〉及〈第六屆日本線上購物賞〉，目前是日本最大的女性時尚網站。二〇〇五年，成功地舉辦了實體流行時尚服裝秀Tokyo Girls Collection（簡稱TGC），獲得相當熱烈地迴響，此後每年定期舉辦該時裝秀，企圖品牌化日本實穿服飾。二〇〇七年和Yahoo!FASHION共同合作推出fashionwalker.com，翻新線上購物的體驗。

日本手機商務模式的開創者

大濱史太郎就讀大學期間，曾在一家電視公司擔任助理，上司讓他意識到關注女性市場的重要性。思考到女性消費者佔市場的大宗，應該最容易構成商機的要素，特別是二十至三十四歲年齡層的女性最容易動用手頭上的現金或閒錢，因此在消費上也最多樣性。當他更進一步思考那麼佔女性市場最大部分的是什麼？答案便是「流行」（fashion）。大濱觀察了這樣的社會現狀後，決定成立女性時尚網站girlswalker.com。由於創立初期資金不足，girlswalker.com一開始只是提供手機介面的內容服務網站，沒想到原本的劣勢，反而造成了

◀和Yahoo!FASHION共同推出的fashionwalker.com網頁全覽。

▼girlswalker.com手機入口網站頁面，其中的girls shopping便是讓網站一炮而紅的手機購物。

Ohama

girlswalker.com成功的主因。

設站之前，大濱先做了嚴密的市場調查，包括入口網站、郵購、電子ＤＭ雜誌，在這三個主要購物市場中做了徹底的研究。首先為了招徠客人，網站免費提供占卜、天氣和流行情報等內容；接著發行電子ＤＭ雜誌，藉以取得用戶的聯絡信箱，才能一直寄送情報訊息給用戶；最後，開始進行手機購物的銷售。透過這三個步驟，girlswalker.com網站和用戶建立起了關係，並且一炮而紅。這一創舉讓girlswalker.com二〇〇二年同時獲得〈日本經濟新聞社大獎〉及〈第六屆日本線上購物賞〉。

鬧熱滾滾的時尚慶典——Tokyo Girls Collection

二〇〇五年八月，為了慶祝網站創立五週年，特別企畫了一場超大型時裝秀「Tokyo Girls Collection」（簡稱ＴＧＣ），地點選在日本國立代代木競技場第一體育館，可容納兩萬人次。

第一年舉辦之後，觀眾反應相當熱烈，也受到國外媒體的矚目。於是自二〇〇六年起，每年定期舉辦ＴＧＣ兩場，結合音樂、燈光、影像等多媒體元素的視覺饗宴，成為日本女孩絕對不能錯過的流行盛典，堪稱是流行時尚的嘉年華會。ＴＧＣ的雄心壯志是希望「將日本的流行服飾推展至全世界」，會場請

fashionwalker.com與日本雅虎時尚推出的免費線上電子時尚雜誌《shoRTY+》，雜誌的特點在於雜誌上模特兒展示的單品，滑鼠一點便可直接進入購物網頁，詳細列出該單品的尺寸及顏色，並且也可以查詢與該品牌的其他類似產品。另外也有最喜愛的穿搭投票機制，可以看出哪些穿搭受到大家的歡迎。

來人氣極高的模特兒演繹當季最流行的服飾，並且融合了知名歌手的現場演唱會及慈善拍賣等多彩多姿的活動。

幾年下來，越來越多的品牌參展TGC，展出的女性服飾年齡層從少女、上班族到熟齡女性應有盡有，元素豐富充滿創意，時尚秀唯一不變的精神是講求「實穿」。比方說，二○○八年，TGC便與日本服飾的國民品牌UNIQLO合作，推出針織洋裝；二○○九年，TGC再次邀請UNIQLO為年輕女性設計平價的短版合身外套。

第八屆Tokyo Girls Collection，二○○九年三月七日在日本國立代代木第一體育館舉辦，這一屆的主題是「Sparkling Girls」，靈感來自充滿活力的八○年代，儘管不景氣，但是活動的精神表現出八○年代元氣滿滿的世界觀，鼓勵大家追求夢想，追求讓自己開心的事。表演時間從下午三點到晚上九點，高潮不斷，史上最無與倫比的時尚秀真是當之無愧。

品牌化日本實穿時尚，帶著夢想朝世界前進

二○○七年和Yahoo!FASHION合作推出fashionwalker.com，運用最新的技術讓消費者能夠像閱讀一本雜誌般瀏覽購物畫面，這個網站讓消費者體會了全新的購物經驗，也同時提供了時尚的資訊。

由於不斷擴展的時尚經營版圖，二○○八年十月大濱將公司名稱從Xavel改名

第八屆 Tokyo Girls Collection 現場氣氛鼓動人心，

為BRANDING，更精準地點出大濱史太郎在專業上的展望，亦即：找出合作對象的精髓或本質。對大濱來說，倘若一家企業對社會來說是不可或缺的，能提供社會的需求，那麼它就能營運下去。雖然他的企業是以「迎合民眾的欲望」起步，但他期許它們不只是企業，而是具備更大的價值，能夠創造某種對世界而言是「恆久」的事物。■

第八屆 Tokyo Girls Collection最後的閉幕式，全場氣氛high到最高點。參與的超人氣模特兒超過七十位如AKEMI、香里奈、土屋安娜、長谷川潤、山田優等，藝人包括日本當紅歌姬倖田來未，受矚目的新人歌手JUJU，還有被譽為天才型的歌手清水翔太。

大濱史太郎的時尚品牌學

問9

Tammy Kawamura × Fumitaro Ohama

01

TGC的成功來自於與媒體平台合作，包括郵購型錄、電視節目、電影作品、CM商品、現場攤位等，此外你們還透過手機網站進行銷售。這種多媒體平台的合作模式，在世界各國可說是絕無僅有，您是如何經營出這個事業？

當我在美國唸書的時候，常常思考一個問題「我如何在亞洲國家中品牌化我的國家，甚至在全世界」，我個人把這個問題連結到「時尚」這個範疇。於是我對時尚做了一番深入的研究，讀到了一些關於時尚相當有趣的事情。以現在來說，全球的時尚基本上是以巴黎為中心的，然而在三百年前，時尚的中心卻是在米蘭，為何會有這樣的轉變呢？根據時尚歷史學者的研究，法國在路易十四統治的時代，他的財政大臣柯勒貝何（Jean-Baptiste Colbert）推行經濟改革，決定把時尚產業納入國家的整體財務政策中，因此聯合了大約六十個品牌。他意識到法國可以把時尚產業當作策略性的工具，和其他國家相抗衡，於是計畫性地扶植時尚產業發展，使其成為國家的經濟主力，用現在的話語來說，也就是「branding the country」，聽起來真是不可思議。這位有遠見的財政大臣他的貢獻就曾如我們所見，「法國製造」保證了無懈可擊的時尚價值。

當法國透過成為世界的時尚之都，完成了對自己國家品牌化的策略，也同時成功地提升國內所有的工業發展，這個發現讓我非常地驚訝。這樣的思考可為看似多元發展的「branding」事業做定位。我並非極端的國家主義者，非常巧合的是我們打著「實穿衣服」的口號，事業蒸蒸日上，而目前的流行現象其實蘊藏著可以創造出日本獨特的品牌化認同，這一點就如同三百年前法國所做的事一樣。

我相信日本的實穿衣服具有某種力量，未來這股力量會更強，於是我想首先應該在日本國內品牌化實穿衣服，不斷地強化它，讓它成為所謂的「日本品牌」，因此TGC的終極意義並不只是一項時尚活動，而是把日本做成品牌，而品牌的地標是東京。

在這裡要特別注意的是，當我使用「日本」這個字眼關聯到我的事業，並沒有意指完全限制於日本人，而是指涉到這個地理位置所發生的故事。因此，當我們思考實穿衣服或是TGC，其實並不僅僅限於由日本人創立或運作，而是這個品牌源自於東京，就好像對網球世界來說，溫布登有如聖地麥加的地位，我們便是期許TGC成為世界上時尚愛好者夢想參與的活動。這也是為什麼我們把東京當作唯一的地標，因為我們所展現的不只是舞台秀，而是呈現東京當代的文化，以此建立TGC的品牌形象。

02

至二〇〇九年，TGC已經舉辦了八屆。您如何賦予這個活動新鮮感，維持話題的熱度，讓消費者願意買票進場？您是怎麼創造盛況的？

如何將日本、將亞洲品牌——尤其是這些被稱為「real clothes」的實穿衣服，經營成娛樂？其實它本身就具有娛樂的元素，既是流行，又可以是電視節目或電影。以往，只有少數業界人士才得以一探時尚世界，但是我們想要顛覆這個慣例，我們想要創造能讓更多人參與的流行娛樂。這就是TGC最主要的宗旨。

時尚界每一年都有新的潮流，我們辦得是服裝大秀，自然要反應出潮流。於東京舉辦TGC之前，我就已經首開先例，在日本製作「神戶時裝周」，當時這個活動是由「每日放送」電視網所主辦，從二〇〇二年第一屆開始一直舉辦至今。

因為我的事業據點在東京，當時我就希望有朝一日能在東京舉辦類似的活動。因此，二〇〇五年為了慶祝經營 girlswalker.com 網站創立五週年，我們舉辦了「Tokyo Girls Collection」，沒想到這個活動震驚了所有人——大家都覺得實在太有趣了！所有單位都認為，往後應該定期舉辦這類「以女性為主角、由女性策畫、旨在服務女性」的活動，一個滿懷著夢想的活動。

觀眾高度地投入，每個人開心享受Tokyo Girls Collection所創造的時尚娛樂秀，讓年輕女生爆發出心中渴望的能量，也認同TGC實穿衣服的精神，這正是TGC可以持續舉辦的原因。

我不確定台灣方面的情況如何，但是在日本，大型活動主要還是運動比賽，而這類活動的族群基本上是以男性為中心的。日本的棒球也好、足球也罷，甚至是奧運，以女性為主的運動競技實在很少。即使是藝人的表演，比方說傑尼斯偶像的演唱會，雖然女性觀眾不少，但是純粹以女性為主、號召女性觀眾的活動基本上是不存在的。就這個意義來看，也許我們真的開創了一個以女性為中心，讓所有人都能樂在其中的「女性流行服飾嘉年華」。

ＴＧＣ每年舉辦兩次，春、夏兩季一次，秋、冬兩季一次，每次的主題都不一樣。比如說，二〇〇九年春天這次，我們的主題是「Sparkling Girls」。現在整個大環境不景氣，我們希望女性們都能成為光彩奪目的個體，因此訂了這個主題。上一屆則是因為去年非常流行格子（check），所以我們將「格子」圖案和「心」結合，構思了「Check My Heart」這個主題。

這是一場時尚盛會，因此每一次我們都會訂出活動的主題，由我們先創造一個流行趨勢，然後傳達給外界。我想這個活動能迄今維持不墜，是這個關係吧。

另外，每屆ＴＧＣ所邀請的佳賓也有影響。比方說，這次的ＳＧＣ（Shibuya Girls Collection）我們請來了朝青龍（編按：第一個成為橫綱的蒙古相撲選手），一般的時裝秀絕對看不到這類人物吧。雖然這樣的作法有時不免引來爭議，但是把這些都視為「娛樂」的一部分，我認為是行得通的。我們總是能將最有話題的藝人和流行結合，例如男藝人DAIGO、女歌手倖田來未，邀請他們參與演出正是我們的工作之一。

03

TGC不只在東京主辦，已經連續兩年也在北京舉行，當初怎麼會想到要這麼做？北京當地民眾的反應怎麼樣？

「TGC在北京」的時裝秀是承蒙日本貿易振興機構（JETRO）指定敝公司參加中國最大型服裝秀「中國國際服飾博覽會2008」。嚴格來講，上一次的北京之行是B to B的半官方活動，對象主要是官方以及社會上有頭有臉的人士。如今所謂「Made in Japan」的製品，大約有百分之九十是在中國生產的，也因此這個活動比較類似日、中友好關係的一環。這個活動雖然不像東京的那麼盛大，但是在北京同樣引起了不小的討論。

另外，二〇〇六年，我們以「Tokyo Style Collection」的名義參加了巴黎當地的「Japan Expo」，那場博覽會結合了日本的流行、動畫、音樂，三天的會期少說有十萬人參觀，我們的活動也吸引了大約八千人。

TGC對於貴賓的邀請向來煞費苦心，第一屆TGC（2005年8月7日）請來當時的超人氣演員玉木弘擔任貴賓之一。

◀第二屆TGC（2006年3月11日）貴賓為知名棒球選手新庄剛志。

▲參加第二屆TGC（2006年3月11日）表演的藝人伊藤由奈。

◀第六屆TGC（2006年3月15日）貴賓為在台灣也具有高知名度的當紅玉女明星新垣結衣。

04

將來TGC有可能在香港或台灣演出嗎？

原本我們就是有計畫地想為亞洲的服裝品牌打造光鮮亮麗的盛會，而且屬意在亞洲舉行，而不是在義大利米蘭或美國紐約。所以我們在東京開始，後來也考慮在台灣及香港舉辦；我們會朝這個方向努力。當然，如果有當地單位邀請我們合作再好不過了。

05

TGC經常邀請人氣名模走秀，例如山田優、香里奈、若益TSUBASA等等，這些秀場所展示的服飾，銷售成績是不是跟模特兒的名氣成正比？

基本上我們的銷售是透過網站，模特兒們走秀所穿的衣服，消費者都可以直接在網路上下單。當然，精心搭配的走秀服裝肯定銷路比較好，不過整體來說都賣得不差。與其說由誰示範就會賣得好，不如說消費者自有判斷，會買自己想要的東西，聰明地選購商品。

21

06 在TGC現場可以看到世界各國眾多媒體前來採訪，國外媒體對TGC的評價如何呢？

許多國外媒體都大篇幅報導TGC的盛況。對於「real clothes」形成這麼大的話題、引起日本社會的轟動，國外覺得很有趣，也感到非常的震撼。

07 TGC和日本知名品牌UNIQLO合作推出限定商品，出發點是什麼？

如今，UNIQLO已經朝全世界發展，成為一個國際品牌；日本的女性流行原本就充滿活力，因此我們想藉由與UNIQLO合作，以國際形象來表現出這種活力。

當然，實穿的服飾所帶動的活力不是我們說了就算，其實那是早已存在大家心中的一種共識，只是大家要如何藉由服裝給自己打氣、甚至在不景氣的大環境中帶給自己快樂，這才是我們為什麼想以女性流行帶給大家元氣的原因。

現在我們所做的事，其實沒有那麼困難，每個國家都可以自己進行。不

◀▶為了傳達日本實穿衣服的理念，2007年3月26日TGC在北京的中國國際展覽中心舉辦了此次活動，由中國及日本模特兒一起共同演出，當中國與日本模特兒兩人一組手牽手，對全場觀眾揮舞著，這一幕感動了許多人。

過既然我們開了先河，今後如果有機會跟別的國家合作，比如說台灣的模特兒和日本模特兒一塊兒演出，活動應該會更有趣。

08

TGC開始和品牌合作、投入環保活動，將來TGC有沒有什麼更重要的環保計畫？

我們所販售的服飾基本上價格都滿合理的，大概兩、三萬日圓就可以搭配出全身的行頭。而所謂「時尚」的行頭是因為設計走藝術路線，所以相對的價錢高出許多。從這個角度來說，實穿的服飾是比較環保的，不用花大錢就可以創造良好的品質，不會造成過多的浪費，其實和環保理念是有所相通的。

09

目前TGC有許多聯名合作的商品，今後有沒有打算推出自創商品呢？

基本上，我們主要的工作是「銷售各服裝品牌的商品」。

雖然說一場展示實穿服飾的服裝秀，在兩天的活動中可以號召四萬人參加，這在其他國家大概是找不到的紀錄，但我們並沒有因此覺得自己是「世界第一」。

2006年在巴黎舉辦的Tokyo Style Collection，會場外排隊的群眾。

今年的參加人數確實是創紀錄，往年大概都是兩萬多人。當然，如果我們想要召集更多群眾參與，也不成問題，我想號召十萬名觀眾是絕對做得到的；但是光是召集群眾，搞不好還不會覺得滿足呢。

在東京舉辦的TGC服裝秀，民眾得花四千日圓（自由座）、六千日幣（對號座）、甚至一萬日圓購票進場，但是一萬日圓的貴賓席門票在開賣的一分鐘內就全部售罄，接著在雅虎拍賣上立刻飆到六萬日圓，高達原價的六倍，而且向隅者還大有人在。如果TGC沒有附加價值，是不可能造成這種現象的。

當然，若是拿日本跟美國、英國、法國等國相比，從世界各地來到日本的人並不多。我們希望藉由TGC活化日本社會，以吸引更多亞洲和國外的觀光客前來日本，我想這正是TGC的使命吧！

參加第七屆TGC（2008年9月6日）的超人氣模特兒吉川HINA，展示了設計師JILL STUART的品牌「JILL」服飾。

05

十河HIROMI

Hiromi Sogo

打造日本名媛的未來時尚教養
不景氣中讀者仍熱烈支持的高級女性雜誌

Hiromi Sogo

十河HIROMI，《25ans》總編輯。曾任《VOGUE NIPPON》、《25ans》、《MISS》、《mc Sister》、《Grace》等多本女性雜誌的總編輯，堪稱日本時尚雜誌史上第一女總編輯。一九九七～一九九九年，她首度擔任《25ans》總編輯，目前是第二度接下這份重任。

日本千金系時尚雜誌代表《25ans》

《25ans》創刊於一九八〇年四月，目前由Hachette婦人畫報社於每月二十八日發行。姊妹誌為《25ans Wedding》。創刊之初，鑑於當時日本流行歐洲高級華麗時尚，雜誌名稱源取法文「Vingt cinq ans」（25歲之意）。雖然刊名之意為二十五歲，不過，讀者群年齡層十分廣泛，涵蓋二十～五十歲，主要是出身富裕家庭的千金、貴婦、企業家，或是憧憬豪門生活的空姐等，可謂千金系列雜誌的代名詞。

雜誌專屬模特兒最初選用歐美外國人，最近則多為日系混血模特兒，例如森泉、長谷川潤等。此外，雜誌內頁特色之一，是邀請日本國內外的名門千金成為讀者模特兒。

著名的時尚美容造型師齊藤薰[1]、光野桃[2]都曾是創刊時的編輯。《25ans》不僅是時尚雜誌，其獨特的觀點，融合時代腳步，娓娓傳達日本的傳統文化，深受高度評價。■

2007年《25ans》9月號雜誌封面，封面模特兒為森泉。森泉為日本國際知名設計師森英惠的孫女，母親為義裔美國人，五官立體，明亮陽光的笑容，符合《25ans》的定位。▲

2009年《25ans》3月號雜誌封面，封面模特兒SAYA，亦為《25ans》專屬模特兒，除了豔麗的面容，音樂上也有極佳的造詣。▶

十河HIROMI的高級時尚雜誌學

10問

Tammy Kawamura × Hiromi Sogo

01

《25ans》被公認為是「名媛千金」的高級女性雜誌，您認為日本名媛千金的定義是什麼呢？

《25ans》已經即將滿三十歲了。三十年前的名媛千金和現在的名媛千金是不一樣的。最大的不同在於三十年前的名媛千金，並不出外工作，職業欄是寫著「幫忙家業」，為了將來走入家庭，當個稱職的妻子和母親，學習各種才藝和禮儀。

最近二十年來，女性開始走出家庭，出外工作，許多名媛千金都擁有自己的事業。《25ans》擁有的最大讀者支持群在東京。東京是個大都市，匯流許多各地前來發展的人士，其中有不少是名媛千金，她們積極努力拓展自己的事業領域，不願只當溫室中的花朵。

除了東京之外，《25ans》在關西地方的神戶或名古屋，也擁有眾多的讀者。不同於東京，這些地方的區域不大，所以通常只要知道住址和姓名，就能得知是某某府邸的千金。日本較無階級之分，多為中產階級，所以才能促成經濟的繁榮。這些位於地方的中產階級，社交圈子並不大，彼此相互都熟識，而這些中小企業公司的千金，多半未外出工作。

但是，不同於以往的名媛千金，她們確知自己的定位，用心感受周遭的事物，運用自己所學，投身奉獻社會福祉的活動，獨立且有自我主張。在紐約等地，名媛千金（celebrity）是指女演員或女藝人等知名人士，對於大企業的千金，則稱之為社交圈人士（Socialized）。所以，《25ans》是針對位於產業、財界等社交圈人士而發行的雜誌，很少報導藝人等新聞。

02

最近，社會對於芭黎絲．希爾頓般的名媛千金趨之若鶩，請教您個人的看法。

對於芭黎絲．希爾頓是否為名媛千金，我抱持著懷疑的態度。

基本上，芭黎絲．希爾頓不會出現在《25ans》的報導中。因為，《25ans》非常重視禮儀，所以不會刊載以挑戰社會尺度為話題的人物，或是來歷不明、突然竄出的名媛千金，而是擁有正統家族淵源根基的千金。希爾頓家族雖然也是名門，但是我覺得芭黎絲．希爾頓只是以八卦炒作的話題人物，而《25ans》是不會報導八卦的。

03

相較於法國、美國，日本女性雜誌的競爭更為激烈。在全球不景氣之下，頂級品牌的市場受到強烈衝擊，《25ans》如何保持高級定位的路線呢？

「25ans」在法文中是二十五歲之意。《25ans》在一九八〇年創刊，明年二〇一〇年，《25ans》將滿三十歲，已經超過二十五歲了。一九八〇年正逢二十五歲的人，明年將滿五十五歲。

創刊之初，雜誌的確設定以二十五歲左右為對象，製作高級定位的雜誌；但是，經過了三十年，憧憬喜愛典雅頂級世界的二十～三十歲女性，依然擁護愛讀本誌；而「熟齡女士」同樣購讀本誌。所以，《25ans》早已跳脫二十五歲的意義了。

《25ans》現在的定義是無齡頂級生活風格雜誌。讀者群從二十～五十歲，多半是頂級人士閱讀本誌。

在目前的不景氣之中，頂級品牌的確陷入苦戰，其中不乏與《25ans》合作的海外品牌，例如珠寶品牌等。《25ans》不免也受到波及影響，廣告量減少。

針對核心讀者群製作專屬封面

不過，《25ans》的發行量不到十萬本，並非發行幾十萬本的大眾媒體雜誌，而是高級雜誌。所以，針對必須盛裝打扮，出席宴會的的本誌女性讀者，首先我們採取守勢，固守這一核心讀者群，避免流失。所以，從去年起，成立「25ans沙龍」。這是針對訂閱讀者所實施的特別服務。所謂訂閱並非指在書店購買，而是指直接向本雜誌社訂購的讀者。目前，雜誌訂戶約有一萬人。

《25ans》針對書店購買和訂閱兩種不同的通路，由本社專任藝術總監設計不同版本的封面。當擺在書店時，雜誌和其他同類雜誌並列，所以必須在封面印刷編入內容特寫標題，提供讀者選購。但是，如此一來，封面會顯得擁擠繁複。雜誌訂戶不需出外，在家即可直接收到雜誌，所以不需仰賴封面文字選購；因此，我們設計另外一款封面，雜誌名稱和封面的文字採用英文，因為相較於日文或漢字，英文字所呈現的印象給予人更漂亮有型。

堅持兩種封面設計的方式，恐怕只有本社採用，但是我們卻無法以此為賣點，大方公開宣傳。這是源自於日本特有的複雜出版通路系統。出版社發行書籍雜誌之後，無法自行在書店鋪貨上架，一定得透過東販或日販等流通業者。所以，讀者直接向雜誌社訂閱的方式，對東販或日販而言，毫無利益可言；為了避免引起無謂的爭端，所以我們無法大肆宣傳。

但是，一本雜誌的重量並不輕。最近，與其在書店選購，自己辛苦提回家，讀者逐漸偏向長期訂閱，每月只需在家輕鬆優雅等待雜誌的送達。

▲在書店購買的雜誌封面。

▶向《25ans》長期訂閱的雜誌封面。

《25ans》針對書店購買和訂閱兩種不同的通路，設計不同版本的封面。由此可看出兩者之間的差別，在家可直接收到雜誌，不需仰賴封面文案選購，因此，雜誌名稱和封面的文字採用英文，因為相較於日文或漢字，英文字所呈現的封面整體感覺更為乾淨清爽。

回饋讀者支持舉辦25ans 沙龍和25 ans 學校

美包含外在美和內在美，所以不能只注重外在的時尚裝扮或美容保養，還必須修身養性，提升內在氣質。女性比較容易只注意到自己，造成觀點視野狹隘，所以為什麼自古多是女性在家相夫教子，或許這亦是原因之一。

或許有人會認為這不是一件簡單的任務，但是，正因為身為社會優渥階層的一員，才更應該回饋貢獻社會。例如，好萊塢女星莎朗．史東參與愛滋病研究財團舉行的慈善晚會，喚起人類正視這種疾病的可怕；安潔莉娜．裘麗協助柬埔寨等地興建學校等。她們深知自己的立場身分，能夠喚起更多迴響，增進效果。很可惜地，芭黎絲．希爾頓除了緋聞八卦之外，從未聽聞她參與這類活動。

目前，我很有興趣規畫並參加這些社會福祉活動，例如環保等。我希望能夠喚起更多有力人士，發自內心地參與這些活動，我認為這是非常重要且深具意義的事情。

《25ans》讀者多是獲得恩寵的幸運兒，家境富裕，不愁吃穿，只需用心裝扮，出席社交場合即可。但是，現實社會當中，存在著許多需要幫助的人。所以，《25ans》想傳達教育她們所需肩負的社會責任。很多美國的名門之後，或是成功的企業人士，她們都理所當然地投身參與社會慈善活動，這種意識想法在日本還只是萌芽階段，仍然需要多多倡導。

「25ans沙龍」便是針對這樣的理想，專為訂戶量身訂作。去年六月舉辦第一次沙龍聚會。這次聚會的性質基本上是慈善晚會，晚會的參加費用或抽選的獎品，會後全數用於捐助聯合國的世界糧食計畫，幫助非洲等世界各地的貧困兒童。

▲▼為了回饋長期訂閱的讀者，25ans特別成立了「25ans沙龍」，特別只為長期訂閱讀者規劃藝文活動。圖為在蘆屋舉辦認識香道之旅，一日招待5組10名讀者。

第二次聚會在十一月舉行，會場設在皇居對面的東京半島酒店。這次聚會採用座位制，共有一百位名額。不少名媛、女星出席參加，擔任世界糧食計畫顧問的女星竹下景子[3]也前來共襄盛舉。這項盛會不僅是名流參加，還有一般男士和女士出席參與，女士身穿晚禮服，男士則穿著燕尾服。在市場面臨如此嚴苛的考驗之下，仍有這麼多的讀者熱烈相挺，真是令我們相當的感動；所以，本社目前採取的方針就是好好珍惜這些讀者，報答回饋他們的支持。

「25ans沙龍」在去年成立，每年舉辦二次活動；今年成立「25ans學校」。雖然目前景氣不佳，但是愛美是人的天性。許多日本女性已經熟悉時尚美容的技巧，接下來則是內在的知性修養，讓自己的美能夠由內而外的散發。所以，本社成立「25ans學校」，定期舉辦課程與講習，教授禮儀、裝扮、時尚、慈善等課題。

例如明年四月，上野的國立博物館將舉辦卡地亞的大型展覽會。講習會將在展覽會結束之後，邀請策展人擔任講師，進行說明。接下來六月時，也將在東京半島酒店舉辦志工講習會。

這些活動有些是百分之百本社獨力舉辦，有些則是和廠商合作。身為總編輯，我會親自出面邀請講師，或是出席參加講習會。我還有很多的想法，雖然很辛苦，但是，透過這些活動的舉辦，抓住讀者的心，讓讀者

《25ans》也為一般讀者企劃推出「25ans學校」，提供知性與感性知識學習的機會。第1次活動是舉辦了卡地亞（Cartier）珠寶創作特別展「Story of …」只限《25ans》讀者的預展以及雞尾酒會。

◀會場位於東京國立博物館的「表慶館」。

Memories of Cartier creations
directed by Tokujin Yoshioka
Story of...
日仏交流150周年記念 特別展
吉岡徳仁 監修
カルティエ クリエイション｜めぐり逢う美の記憶
2009年3月28日(土)—5月31日(日)

更願意閱讀本誌，形成良性的循環，所以我覺得意義非凡，更有努力的價值。

04

婦人畫報社[4]和法國的Hachette Filipacchi媒體集團[5]合作，至今已達十年。這十年來，對代表日本女性雜誌的《25ans》而言，有哪些影響？《25ans》的內容是否因此更趨國際化？

與法國的國際出版集團合併之後，《25ans》在北京設置編輯部，推出中文版，上海也有Hachette Filipacchi的中國分社，Hachette Filipacchi媒體集團發行的《ELLE》雜誌，也在法國等歐洲國家銷售。在國際化方面，目前首先鎖定中國，因為西方人可能不容易懂得《25ans》的價值觀。所以，目前雜誌社將國際化的視野觀點，聚焦在亞洲市場，我知道有不少台灣女性閱讀《25ans》，因為同樣身為亞洲女性，價值觀相似。不過，目前出版社內只有韓籍和中籍的工作人員，如果將來能有機會，希望能夠發行香港版或台灣版。雜誌內容也準備朝著國際化邁進，未來將不拘泥於日本國內當地風格，希望拓展並提升為亞洲頂級風格。

▶雞尾酒會精心準備了東京米其林三星餐廳「Joél Robuchon」的時尚點心及香檳。

◀參與活動的讀者沉浸於珠寶名作展的華麗印象，及充分滿足感官的雞尾酒會。

05

《25ans》經常和世界各國的雜誌進行交流，您認為日本雜誌的獨特性是什麼？

一九九九年時，《VOGUE》雜誌日文版創刊，我擔任總編輯。那時，我常和英國、美國等編輯交換意見，他們覺得日本雜誌非常有趣，因為內容包含非常龐大廣泛的資訊量。女性時尚雜誌內所刊載的服裝、飾品等數量，甚至可多達一千項以上，而且還詳細附載價格和詢問電話，根本就像是另一種形式的型錄。

關於這些資訊的刊載，《25ans》深獲好評。許多地方人士，有時無法在當地購得雜誌中刊登的品項，這些詢問電話、商品說明等資訊，能夠幫助讀者獲得希望的商品。換言之，商品刊登在雜誌上，等於就是宣傳廣告。只要刊登在《25ans》上，商品都能暢銷。

不僅是國內廠商，《25ans》也刊登很多外國品牌的商品，所以顧客前往商店或百貨公司時，可以直接向專櫃指定購買「某期某頁」的商品，不需要再費心尋找。

歐美的雜誌雖然編排精美，但是卻無法提供相關資訊。所以，傳達實用資訊是日本雜誌的特徵。

06

您如何選擇符合《25ans》風格的封面模特兒？近來，各類女性雜誌掀起的超級模特兒風潮，您的觀察是什麼？

雜誌閱讀的讀者群橫跨各個世代，每種雜誌各有其世代的讀者群。《25ans》基本上採用年輕的混血模特兒。因為純日本人的臉孔比較溫和，不容易留下深刻的印象，所以會選擇日裔混血模特兒，大眼、輪廓鮮明立體，散發帶點歐風的華麗力道，不過，年齡都約二十歲上下。因為這個年齡最適合時尚的裝扮，肌膚狀況最佳。目前是採取模特兒輪流的方式拍攝封面。有時候也會邀請黑木美沙等女星，但是共通點都是五官輪廓鮮明。畢竟頂級華麗是《25ans》的中心思想，所以挑選的人選也以豔麗出眾為主。

07

婦人畫報社是十分重視日本傳統文化和女性美的出版集團。請您談談進入這家出版社之後，所受到的教育訓練。

一九八六年，我進入《25ans》雜誌任職，時逢雜誌創刊第六年，日本的泡沫經濟鼎盛之時，雜誌的銷售量不斷創新高。

雜誌社的前輩個個優秀能幹，嚴格指導鞭策後輩。雜誌所呈現的風格優雅嫻靜，但是身為編輯的我們卻像是運動選手，必須耐操耐勞，十分辛苦；而且雜誌社內非常重視輩分禮節，前輩在稱呼後輩時，即使是女性，從不稱「小姐」，都是直呼其名。

當時，我的主管是男性，非常嚴格。我的前輩中有齊藤薰，她現在是日本美容業界的第一把交椅；還有光野桃，她現在是作家；另外還有長坂道子[6]，她現在旅居瑞士，撰寫時尚文化相關報導。

無論是雜誌社或任何企業，在成功之時，一定是公司內部匯聚許多優秀人才。《25ans》創刊之初，社內人才濟濟，許多人後來都獨當一面，成為活躍各界的頂尖人物。新人時代，我就在這麼傑出的環境中磨練學習，承繼著前輩所傳授的工作DNA。

當時，業界並無女性總編輯，還是個男性掌權的傳統時代。即使是女性雜誌，總編輯也是由男性擔任。這項不成文的規定，在最近十年才有所改變。一九九五年，我接任少女雜誌《mc Sister》的總編輯，為業界投下了一顆震撼彈，在那之後，女性總編輯才逐漸增加。我也在《mc Sister》之後，陸續輾轉擔任五家雜誌的總編輯。

以前流行的女性風格比較傳統、古典、保守，我想這是男性所期待、並塑造而成的形象；但是，二十一世界的今天，女性獨立自主，不會只是一昧依循順應男性的期待，而是能夠擁有自我主張。或許這也是女性總編輯增加的原因吧。

08

目前，出版業持續不斷衰退中，您認為雜誌應該如何面對因應未來的挑戰呢？

出版業真的在持續衰退當中。本社現在是法國公司，屬於歐美企業，面對這股危機，相較於其他的日本出版社，我們早已開始進行新企畫，例如數位化、電子商務等。

《25ans》的讀者群尚未習慣數位生活，還停留在類比時代；不過《ELLE》等雜誌讀者比較年輕，所以電子商務等事業進行地相當順利成功。未來，《25ans》一定會朝著這個方向進行。今年一月，Hachette婦人畫報社和住友商事[7]聯手合作，將運用住友商事的技術和通路，以及《25ans》或《ELLE》所擁有的品牌基礎，建立商品銷售的事業。

出版業不能再只是以「出版」為主，而是必須進化成為媒體企業，這是世界的潮流。

09

社會大眾認為時尚雜誌的總編輯一定過著華麗的生活，尤其是像《25ans》般的雜誌，請簡單介紹您的生活。

雜誌華麗時尚，但是我還是我呀。

只有在工作時，我才會華麗登場。因為需要盛裝打扮的活動不少，私底下，則幾乎沒有這種場合需求。不過，我的衣櫥中，的確有不少長禮服，但是都是工作用的，我畢竟只是一介平民，和各位相同，都是支薪的上班族，並非是百萬富豪，生活在富麗堂皇的城堡宮殿中。我住在公寓中，過著中上階層的生活吧。

私底下，我會素顏前往健身房跑步鍛鍊，每週日則請健身教練特別指導，保持自己的身材，並維持健康。流汗運動對身體健康最有助益。

我曾經參加第一屆東京馬拉松比賽，跑完十公里全程喔。

此外，我學習日本茶道。日本茶道不僅有泡茶、奉茶等作法規則，還包含茶碗、書法、花道、薰香、和服等各種傳統習俗的學問，非常奧妙精深。

總之，週末時，我盡量讓自己遠離工作，投身不同的世界，豐富自己的生活體驗。

10 有特別注目的設計師嗎？

《25ans》是以頂級為中心思想。

新一代的年輕設計師中，人才輩出。這些新進設計師或許還未馳名全球，只在自己的小小工房裡，努力不懈地進行創作。我希望能發掘和支持更多符合《25ans》風格的設計師。

例如，前陣子，我前往義大利米蘭，認識一位皮鞋設計師。最近，他的作品開始少量在伊勢丹百貨公司進行銷售。他在接獲顧客訂單之後，才在工房製作，所以無法大量生產。但是他的作品非常漂亮，有點Manolo Blahnik風格，十分正統時尚。連摩洛哥的卡洛琳公主、約旦的芮妮雅（Rania）皇后都是他的忠實客戶。

他製作的頂級皇家皮鞋，正是符合《25ans》的風格，我相當看好他。

註釋

Hiromi Sogo

1、**齊藤薰**　生於一九五五年，東京都出身。美容造型師。曾任職Hachette婦人畫報社，擔任編輯。著作有《美容的天才365天》、《美麗的雜學》、《美女的教科書：超美容學×超美人學》等多本。

2、**光野桃**　生於一九五六年，東京都出身。美容造型師，隨筆作家。一九七八年，進入婦人畫報社，成為《25ans》的創刊成員，與齊藤薰為同事，曾隨著夫婿工作，旅居義大利米蘭。著作有《裝扮的視線》、《個人生活：義大利所傳授的美學》、《成為優雅且野蠻女人的方法》（與齊藤薰合著）等多本。

3、**竹下景子**　生於一九五三年，愛知縣出身。女星，演出電視劇《德川家康》、《北國之春》、《忠臣藏》、電影《男人真命苦》、《學校》等作品。

4、**婦人畫報社**　創刊於一九〇五年，是日本第一本女性雜誌，至今已經發行超過百年。最初是由近時畫報社發行，首代總編輯是國木田獨步，內容誠如雜誌名稱中的「畫報」，是以影像為主的刊物。一九〇六年，因近時畫報社解散，由國木田獨步成立的獨步社接手發行。後來，國木田獨步過世，由東京社接手發行後，改名為婦人畫報社。照片、文字編排優美，內容資訊滿載季節風情，正確且不退流行，長久以來，即是高級女性雜誌的代名詞。一九九九年，和總公司位於法國的全球最大媒體出版公司Hachette Filipacchi Médias合併。目前發行《婦人畫報》、《25ans》、《25ans Wedding》、《ELLE日本版》、《ELLE DECO》、《摩登家庭》、《MANS CLUB》、《給想進入藝大美大的人》等十二種雜誌。

5、**Hachette Filipacchi 媒體集團**　創立於一八二六年，創辦人Louis Hachette為了增加法國人的見識，開闊心胸，他決定大量發行書籍，提供閱讀。歷經二個世紀，創辦人的初衷仍舊傳承不息。為了迎接數位時代，集團整合不同國家和路線的出版社，並尊重各自的歷史和特色，為讀者謀取更多福利和權益。目前，發行雜誌有《ELLE》、《Car and Driver》、《Sound & Vision》等。

6、**長坂道子** 生於一九六一年，京都出身。一九八八年，前往法國，為雜誌等媒體撰寫法國當地的文化、時尚、生活等報導。二〇〇七年，搬至瑞士蘇黎世。著作有《法國女人》、《裸足的世界主義》等。

7、**住友商事** 一九一九年成立，日本三大綜合商社之一。成立之初，原名為大阪北港株式會社，一九五二年，改為住友商事株式會社。總公司現在設於東京，主要產品有金屬、電子、機械、纖維、化學品、食品等。

06

渡邊高志

Takashi Watanabe

生活實境與媒體緊密結合的創意高手

Takashi Watanabe

渡邊高志，一九四九年出生於東京，一九七三年早稻田大學政治經濟學系畢業後進入日本每日放送（MBS）。為日本知名的電視製作人，最為人津津樂道，創下高收視的電視節目為《價格知多少》（播出時間二〇〇三年至二〇〇八年），台灣電視台也曾播放過這個節目，近期的節目《我的家人是名人》也相當受到歡迎，未來個人將和東京中城（Tokyo Midtown）合作有關古典音樂的企畫。

渡邊流的節目製作美學

日本電視節目製作的專業，從業人員素質高向來是有所耳聞。沒想到我竟然有機會親身感受到這樣的專業素養，幾年前我接受《價格知多少》節目的邀請，接受採訪，在整個錄製的過程，工作人員不但來回確認所有的採訪事宜，甚至還越洋跨海從台灣找到我年輕時從影的資料，真是令我相當的驚訝。正式錄影的時候，工作人員每每搬動或移動家具或擺設，便馬上放回原位，並且立刻打掃。這麼專業敬業的態度，讓身為受訪者的我，心中不禁想著將來製作單位邀請我時，我一定也會再接受採訪。而最讓人感動的是，節目錄製完後，製作單位竟然致贈一本我從影時的資料檔案，這些資料真是寶貴，連我身邊都沒有呢！

這些點點滴滴讓人印象深刻，想要成為一位傑出的製作人，製作出讓大家喜愛的節目，除了製作技術的專業水準，更重要的在於深刻瞭解人性，不管面對什麼樣的人，都保持一種平等心、好奇心，如此才能創造出讓大眾共鳴的節目。以下的採訪，我們可以發現渡邊先生為人的細膩之處，抓住群眾心理，以及在每個環節如何下功夫營造節目要達到的氣氛，畢竟節目製作也是一場人與人之間互動的演出。或許我們可以滿懷敬意的將此稱之為渡邊流的製作美學！

製作節目也如同設計、雕琢一項產品，同樣從為人設想開始，從日常生活的觀察開始，細膩地調整聚焦細節，協調整合資源，最後完成作品，這應該也是日本為什麼常能製作出高品質電視節目的奧義吧。■

雖然我是每日放送的員工，但其實我負責的工作是電台方面。我一直想成為節目製作人，因此覺得電台工作很無趣，經常向公司請假環遊世界。為了訪問在京都認識的美國人，我飛到了舊金山，那時候25歲。

美國默劇電影時代大師埃黎胥．范．史卓漢（Erich von Stroheim）的孫子埃黎胥．朱尼爾（Erich Junior）。來到朱尼爾先生所居住的科羅拉多州旅遊，搭乘他所駕駛的飛機，飛越洛磯山脈。

渡邊高志的電視媒體學

10問

Tammy Kawamura × Takashi Watanabe

01

《價格知多少》過去經常在台灣播出，相關內容讀者應該比較熟悉，我們就從這個節目談起。

會想製作《價格知多少》（バリバリワールドバリュー），不得不提到一九九三年開播的《驚奇世界How Much》（世界まるごとハウマー），這節目由每日放送與East公司共同製作，大橋巨泉先生擔任主持人，推出後很受歡迎。我很懷念當時製作節目的感覺，於是想再開始。但是，十年前日本出國旅遊的人不多，所以在電視上介紹世界各地的珍奇軼事與習俗，收視率都很高。不過現在大家有很多機會出國旅行，對國外已經不再那麼感興趣，所以節目的收視率不如預期。

於是我們開始設法解決這個情況。

製作一個電視節目還是得有新的切入點，雖然報導的對象是一樣的，但是如果不從新的角度切入，長期下來觀眾會失去興趣，所以我們做了很多的嘗試。好比說我們做了很多電視節目不曾做過的事，甚至進入北韓。但是製作特殊題材，久而久之會把觀眾的胃口養大，這對製作電視節目來說並不好。

正當我們思考著應該有一種更普遍、可以藉著各種變化呈現有趣面向的作法，我偶然看到日本電視台的深夜節目《有錢人A先生×B先生》

（金持ちA様×B様），其中一個特輯的主題是「開法拉利的是哪些人？」，工作人員在街上看到有人開法拉利就尾隨在後。當然，不能見人就劈頭直問：「不好意思，您可以接受我們的訪問嗎？」節目一路尾隨「目標」回到住家。這個節目令我覺得很有趣，我開始思考怎麼將它的手法運用到我們的節目當中。那個節目比較帶點「追蹤」的意味，製作單位會先假設對方是什麼樣的人，比方說開法拉利的人應該是「成功人士」……。

一般人應該都對成功的有錢人很好奇，但是直接跟觀眾介紹「有錢人是如何如何」沒什麼新意，所以節目先設定有錢人有什麼外在特徵、然後上街尋找，倘若找到的人真的是有錢人，再進一步訪問他。我們認為那樣子的節目應該滿有趣的，於是著手製作，就是現在的《價格知多少》。

因為其他節目已經拍過「開法拉利的人」，於是我們便思考有錢人還有什麼其他象徵，結果想到了「凱莉包」。拿凱莉包的是什麼樣的人？拿白金卡的是什麼樣的人？擁有遊艇的又是什麼樣的人？我們做了這類主題的內容。

剛開始時，我們在銀座的四丁目看到拿凱莉包的人就上前詢問；我們甚至準備一艘遊艇等著，看準時機後，前去詢問對面開著遊艇的人是否願意接受採訪、拜託他讓我們去他家。節目效果很有趣，評價也不錯。最初我們覺得滿有意思的，但是兩個月下來，怎麼介紹都是有錢人的家，開始覺得膩。我們進行的模式總不出那幾套，雖然內容還算扎實，但是節目的梗太單調了，變成得「同中求異」，但那似乎不是我們當初想要的感覺。

然後我想到：雖然大家都一樣（是有錢人），但是各人成功的歷程不盡相同；入口雖然是這個樣子，但是出口則因人而異。於是我們換個角度切入，把焦點放在「我是這樣做才獲得成功的」。光是報導有錢人或許會變得惹人厭，但是我們希望觀眾能透過節目，感受到這個人的努力、感覺到其實他是個不錯的人，所以節目不斷地改變。

進入另一個階段時，多虧有山崎。我們在節目中安排了「阿山」這個搞笑主持人，他的態度客客氣氣，卻經常問出唐突而失禮的問題。由於山崎的串場，對一般人來說有些遙不可及的有錢人，變得跟平常人沒什麼兩樣，這是節目成功的原因之一。

因此節目變得更有野心。最初我們會請人為我們介紹願意上節目的人，但是因為涉及隱私，對方經常會抗拒。不過我們也盡可能讓對方能獲得好處，比方說對方如果是生意人，我們就會在節目中介紹他的產品。

不過最重要的概念是：我們希望能讓觀眾感覺賣那個產品的人是很好的

33歲時，被分配到新的工作，負責電視節目製作，後來也嘗試各種新工作。其中一項工作是與時尚評論家大內順子小姐一起合作三年的節目《巴黎時尚秀與法國之旅》。當時還親自拜訪了大內小姐的友人、法國女富豪凱薩琳．高耶曼斯（Catherine Goemans）的宅邸。

人，希望能提高觀眾對他的好感。

對我們來說，我們一直很努力發掘受訪者最好的一面。

02

《價格知多少》介紹了許多國家的名流、企業家，過程中是否有遭遇什麼樣的困難，能否舉些例子？

我們介紹過一些日本人沒見過、令他們吃驚的人物。節目中有一位香港的蔡先生，所有中國製的玩具都必須經過他，此外他還坐擁三十家左右的飯店，財力雄厚令人瞠目結舌，就連進口車都有二、三十輛，而且為求好運，車牌號碼都是「八」，價值大約一億元，住家之富麗堂皇自然不在話下。蔡先生有兩個可愛的女兒，透過山崎趣味十足的提問，觀眾可以感覺得到，有錢人與孩子的感情跟一般人沒有兩樣。

有地位的人不會隨隨便便對底下的人發脾氣，而且由於大家平常對他們都戰戰兢兢的，偶爾跟他們開個玩笑他們反而會很開心，不過當然還是得注意分寸。山崎最常找小孩子下手、逗他們開心。孩子們黏著山崎，做父母的也跟著對他心生好感，因此山崎講話稍微失禮，對方也不會生氣，而是一笑置之。透過電視，觀眾會覺得：「主持人跟他開玩笑，他也沒生氣，人滿好的。」

造訪印度某王族時，對方一臉嚴肅、笑都不笑，拍攝過程真得很辛苦。但是我打定主意，一定要讓他笑；我抱著這樣的心態伺機而動。其間我問他：「您貴庚？」他反問我：「你覺得我看起來幾歲？」雖然對方年約七十，但是我故意說：「看起來三十幾歲。」這時他笑了出來。

03

您覺得貴節目能夠成功，主要是什麼原因？

節目成功的一大原因，應該是我們想盡辦法縮短一般民眾與有錢人之間的距離。

我們曾拍攝過美國的一場慈善拍賣會。日本人不習慣慈善拍賣會，以為有錢人財大氣粗，肯定很難搞。但是在美國，很多有錢人都認為自己能夠致富是拜他人所賜（比方說多虧了願意購買產品的人），雖然部分原因是要節稅，但他們願意把錢花在慈善事業上。因此慈善活動相當多，而且不愧是美國人，既然要辦，就要開開心心地辦。在佛羅里達，每年會有一場慈善活動，活動邀請全美富豪出席派對，這些富豪們會搭乘私人飛機前往，連續狂歡三夜，將拍賣所得全數投入慈善工作……。

比如說，知名酒莊的老闆會將自家最好的葡萄酒拿出來拍賣。這些一瓶四、五十萬日圓的葡萄酒，原本就已經相當高價了，但拍賣現場會有人

現在已經成為好朋友的大內順子小姐。

用一千萬元買下。一千萬喔！因為是美國頗富盛名酒莊最好的酒，而且是唯一的一瓶高價酒，可以說是「無價之寶」，竟然能夠成為自己的，更何況付得錢還是拿來做公益，（買主會覺得）何樂而不為呢。

於是我們便思考：「這是美國人的金錢觀嗎？」我們前往酒莊主人的家，見到他收養的兩位越南女孩。為了回饋社會，他收養了兩位越南孤兒；這是有錢人的一種生活方式。

活力門（Livedoor）的崛江貴文為什麼受到抨擊？我想，如果他將賺得錢花在社會各方面的革新上，或許不會落得今天的下場。說到回饋社會，就某方面來說，有錢人若想要穩固自己的地位，更應該回饋社會，知道這點讓我們覺得很新鮮。

如果節目做得更久一點，我還真想做點什麼改變日本對慈善事業的看法。就像島田紳助過去主持的節目《大排長龍法律相談所》（行列のできる法律相談所），就用一百張畫義賣幫柬埔寨當地蓋學校。他們並不是單純捐錢，而是做自己做得來的事情，有力出力。

04

製作這個節目時，您把握了什麼樣的原則？

人的內心有各式各樣的念頭運作著，只要能激發觀眾，讓他們產生「我想對他人做些什麼」的念頭，節目就不會淪為只是有錢人在炫耀自身的財富。不過畢竟是綜藝節目，所以開場可以比較通俗，比方說讓人羨慕有錢人、或者介紹山珍海味。但是到最後，還是要讓觀眾看到有錢人為了讓大家過得幸福而做了哪些事、或是這個人是因為過去的努力才能過現在的生活，諸如此類。

05

做這個節目，想必有許多奇特的見聞，能否跟我們分享？

成功人士的故事都很有趣，當然也有辛苦的一面。

比方說岩盤浴，雖然醫學上還沒有明確的證明，但是岩盤含有少許放射線，據說對身體很好、可以治療癌症。治療癌症的時候會做放射線治療，所以含輻射物質的溫泉對疾病有療效，有個人聽說這件事後，便在福岡經營起岩盤浴的生意，現在他已經在日本開了一百多家連鎖店。這個人之前做過二、三十種生意都失敗了，但是並沒有因此氣餒，而是再接再厲繼續挑戰。

流浪漢篤出的億萬富翁

我們也遇過流浪漢變成億萬富翁的人。那位先生因為生意失敗欠了一屁股債，甚至一度想要自殺，連家人都離他而去。後來他到河邊流浪漢聚集的地方露宿，結果被另一個流浪漢訓了一頓，流浪漢對他說：「這不是你該來的地方！你比我們這些人有能力，應該好好振作！這種地方想來隨時可以來，打拚過後還無法翻身的話再來！」於是這位仁兄跟對方道謝，力圖振作，後來開發出能夠減少汽車引擎二氧化碳量的機器，成為億萬富翁。

拉麵富豪還是只住一房一廳一衛的套房

致富之後，每個人想要做的事情也不一樣，有的人想買法拉利，或者遊艇，也有人想買私人噴射機，但是「山頭火」拉麵店的老闆卻反其道而行。開拉麵店是小本生意，有人開了連鎖店後獲得龐大利潤，搖身一變成為億萬富翁，擁有上百億的資產。這位仁兄就是靠「山頭火」這間北海道拉麵店發達起來的，現在「山頭火」每年營業額約五十億（日圓）。我們前去拜訪該店的老闆，只見他在一號店忙進忙出。我們問他，年收入高達五十億圓，不是可以不用工作了嗎？他的回答是：「我是賣拉麵的人，麵店一直都在啊。」

我們請求他讓我們去他家裡看看，他說他家就在附近。到了他家，我們一看，竟然是間一房一廳一衛的套房。我們問他：「為什麼住這樣的房子？」他說：「孩子們都大了、不住家裡，我跟太太兩個人住這個大小就夠了。」還說：「一個賣麵的人要是開著一輛賓士車，像什麼話？」接著我們請他打開錢包給我們看，裡面有兩百萬現金。問他為什麼身上要帶這麼多錢？他說，雖然他不用什麼名牌貨，但是每天要跟各式各樣的人交際應酬，一個月下來常常得花個近一千萬。「那也不需要帶現金啊！」他表示，因為經常有人跟他借錢，所以他得多帶些以備不時之需。聽到這話，島田紳助在後台雙手抱胸喃喃自語：「我還是第一次遇到這種人，我的生活方式是不是錯啦？」金錢觀不只跟一個人有沒有錢有關，還跟賺錢的過程有關，對每個人來說，金錢的價值都不一樣。

信守承諾讓受訪者超乎想像的信任我們

去年過世的青木洛基先生說過，他賺錢的目的是要冒險。他經營「紅花」這間鐵板燒連鎖店，還在店內秀煎牛排的過程，是第一家在美國開店成功的日本餐廳。去年他罹患癌症過世時，日本當地辦了一場追思會，當時並沒有找政經界的人，而是找《價格知多少》的山崎擔任司儀。據說洛基先生曾經表示，與其找財經界人士，還不如找山崎要來得有趣；得知他這麼說，我們都很高興。

我們跟上過節目的許多人都維持著不錯的交情，跟當時的工作夥伴至今感情還是很好，希望將來有機會用一個怎樣的形式再來一次。

堀江貴文上節目那次也很有趣。當時他正打算收購日本職棒近鐵水牛隊，對方表示一般人沒有資格，所以我們很希望他能出面，但是很多節目邀請他，他遲遲都沒有點頭。我們希望拍攝他私人的房間，不過大夥兒都覺得他不可能會答應。後來他說接受訪問可以，但是不要拍房間。之後，我們節目的年輕導演親自去拜託他，告訴他：「你不曾在其他節目中秀房間給人看，要是答應在我們的節目中播出，我就會變成同仁眼中的英雄。」那個時候的堀江才三十歲，看到年輕小夥子這樣拜託，就答應了，決定上我們的節目。那時我覺得他人滿好的，所以（內線交易）醜聞爆發後，很多電視台希望我們提供堀江住處的畫面，我們都沒有答應，因為我們拍攝的原意不是那樣，而且當時跟他有約定。

從這個角度來看，如果受訪者不信任我們，就很難答應接受我們的訪問。節目光是介紹有錢人，一般民眾看來可能會覺得有點不是滋味，所以我們都很小心，希望能讓一般人覺得節目內容有趣。電視是很「平民」的媒體，所以我們的定位得站在民眾這邊。主持人紳助小時候家境也不富裕，他是一步一腳印才有現在這樣的地位。我想，他看到自小就學鋼琴的有錢人，心裡應該會反感，因此，他覺得自己是跟一般人站在同一邊的，他也是辛苦打拚才有今天的成就。

談得來的人通常有些共通點，所以我們經常在吃晚飯時，討論紳助講得哪些話可能會感動觀眾，將它們挑出來，以便做出讓觀眾覺得「正面」的節目。

節目還是有空間傳達心靈的部份

另外，還記得有次錄製節目，原以為受訪者的住家富麗堂皇、令人稱羨，但是前去採訪時才發現，並非這麼一回事。

那時我們採訪奈良的一戶人家，那房子在奈良算是豪宅，但是在東京那類房子則相當常見，並不特別。房子的主人是一位寡婦，她經營房仲生意，做得有聲有色。採訪時她提到，結婚後老公無所事事，成天往柏青哥店跑，她只好將孩子寄在托兒所，自己到高爾夫球練習場當球僮，那段時間相當辛苦，但她很努力地存錢。離婚後，她到一間小規模的房屋仲介公司上班，後來因緣際會認識了在石川縣金澤經營旅館的人，對方教她接待、服務的美學，還告訴她如果真的站在顧客的立場設身處地，一定可以提供不同的服務。

於是她將這種態度帶入房屋仲介工作，不站在銷售的立場，而是站在租屋或買屋的人的立場去思考，幫他們介紹適合的公寓，或是盡力為他們物色物件。一段時間下來，她的名聲大噪，大家都知道她是一位非常為顧客著想的仲介，於是她便獨立出來，自己開設房屋仲介公司。經過三十年，她的公司成長為一間大公司，旗下有三千名左右的員工，她的孩子也進公司上班，同樣做得很出色。

之前節目介紹豪宅時收視率都很高，但是那一集沒有豪宅，收視率照樣很好。為此我們工作同仁都很高興，能企劃這種節目，傳達出心靈的重要性終究凌駕物質之上。

06

近期您還有製作什麼節目嗎？

最近收視率不錯的是《我的家人是名人》（うちの家族は有名人），我們會從某個人循線找到很有名的人。像中村メイコ（讀做me-i-ko）這位女星的兒子就因為不想沾母親的光，獨自一個人到沒有人知道他的雙親是誰的西班牙當畫家。尋找內藤大湖那一集，節目提示這個人的爺爺是日本前首相竹下登、本人是搖滾歌手、姊姊則是漫畫家。另外我們還秀出他玩樂團時所拍的影像。沒有人見過他的雙親，節目先是秀出類似勳章的東西，有羅馬方面頒發的，還有伊莉莎白女王頒贈的，接著我們秀出前首相竹下登的照片，問道：「猜猜看是誰？」原來就是現在的DAIGO。

將DAIGO的照片上傳到首頁時，我們覺得他笑起來非常可愛，應該會受女性觀眾喜愛，只上節目一次太可惜了。所以後來我們又請他來攝影棚擔任來賓，他便是因此開始上電視節目的。結果，《秋刀魚大王》（踊る！さんま御殿）製作小組看到我們的節目後，也邀請他上節目；他跟秋刀魚的對話很好笑，之後便迅速竄紅。

在節目中捧紅明星，是日本電視的作法。這種事紳助相當在行。有些事情乍看之下像是在欺負人，其實是要激發對方的優點，像是讓人覺得不好意思之類的。雖然有的人對此避之唯恐不及，覺得不知如何應對，但是懂得其中精髓的人就知道實際上的重點不在欺負。雖然有些欺負人的地方，但是觀眾想看的正是那些主持人與來賓互動的反應。作為一個藝人其實要懂得將弱點轉變成賣點，要會包裝自己、企劃自己。

07

那麼《我的家人是名人》這個節目，還帶給你什麼靈感嗎？

最近節目中介紹了西班牙知名陶器品牌LIADRO，這家公司出品的陶偶一尊要價三十萬、五十萬日圓，甚至有的高達數百萬圓；LIADRO陶器日本分公司的社長與日本人相戀，結婚至今十五年，想要在LIADRO推出日本雛偶。對此大家都持反對意見，認為日本雛偶不可能在西班牙流

與凱薩琳小姐位於摩納哥的遊艇與船員合影。

行，但是社長表示他會盡力宣傳。這是愛上日本的人才會做得事，社長說他想將日本的五月人形雛偶與LIADRO結合。他會愛上日本終究是因為太太，於是我們安排了這樣的橋段：要他瞞著太太去跟丈人學做餃子，在太太生日那天做給她吃。我們都沒做過菜，被操得很慘，一邊聽著社長丈人的斥喝、一邊努力記住作法。社長夫人生日那天，兒子們帶母親出門，晚上回家一打開門，只見餃子已經準備好了，雖然看起來不怎麼樣，夫人還是很感動地吃著。

這也可以激勵日本男性要再加油。另外，從西班牙的觀點要做出日本商品，我想我們傳達出了這個人的熱情。後來他送給了我們許多的陶偶，我們也請他吃飯表示謝意。

這讓我想到在香奈兒銀座大樓裡有一家「BEIGE TOKYO」餐廳，屬於ALAIN DUCASSE餐廳集團，是知名的米其林三星餐廳，每年都會和京都的高級料亭合作，當作年度盛事舉辦。去年是日法交流一百五十周年，於是這家餐廳跟京都歷史悠久的高級料亭「美山莊」、「瓢亭」、「京都吉兆」合作，共同創作法國菜而不是較量手藝。這兩件事讓我覺得外國只要邂逅日本之後，總會進一步想與日本合作。

08

由於不景氣，在成本的考量下，民營電視台和製作公司之間的合作關係有沒有什麼變化？經營面上你有什麼新的考量？

我不大在意預算的事，因為有錢也不見得做得出有趣的節目。預算變少雖然不是好事，但這不是錢的問題，現在的電視花了太多無謂的錢。真得有必要嗎？有時候確實有效果，收視率確實提高了。但是沒有錢的話，就不需要在這些小地方傷腦筋，會在更重要的地方下工夫，真正可以思考怎麼樣不花錢地做事。雖然大家都說現在不景氣，但是我很清楚對我來說，什麼才是會令我開心的。

我盡量不搭計程車，多走路，這樣可以看遍大街小巷。雖然步行回家大概要花兩個小時，但是我曾經花四個小時走回東京郊外的家，一路上有些新奇的發現。像是製作電視節目的道具越來越便宜，一般人都買得起，加上有電腦、網路傳輸，可以想一些有趣的事情並且傳送出去。把它視為機會的人，就能夠進階到下一個階段。

09

最近您忙些什麼？未來有什麼計畫呢？

最近我們要玩古典音樂，所以每個禮拜我都到TSUTAYA租十張

CD。原本我們對古典音樂完全沒有興趣，但是有這麼多人喜歡古典音樂，覺得這輩子不認識古典音樂就虧大了。

我喜歡把看起來生硬、認真的事情當成娛樂來玩。因此接下來我個人會跟Midtown合作，玩古典音樂。

想把古典音樂這個看似正經八百的活動休閒化、娛樂化，我覺得這種活動不要在音樂廳舉辦，好比說從地鐵走出來後馬上可以聽到音樂，不是很好嗎？就像巴黎、紐約那樣，街道上隨處可見藝術與音樂。打算做很多大型活動，將原本不是古典樂迷的人變成古典樂迷。

不過我今年打算退休，先離開電視圈，為下一個階段做準備。

我仍然想從事製作，因為我是製作人，以發揮某人的才能為主題，活用我的資歷，在事情變化的過程中可能演變成很棒的東西。因為發生一件事，就把它做成節目，這種事情我已經做了幾十年，我想要做些改變。

像是如果有個人開了一家店，我會思考怎麼做才能讓他的店大受歡迎。

另外我想要在國外住個一、兩年，在巴黎每天逛美術館、逛街購物。花一年的時間逛美術館，藉此思考自己曾經想做什麼，這也很有趣。

在每日放送的紐約分台前與當時的支局長平松先生（左）拍照。現在平松先生已是大阪市長。

註釋

Takashi Watanabe

1、**堀江貴文**　活力門執行長，一九九〇年代末藉由購併等不同於日本傳統商場的運作方式，在諸多領域展現顛覆性影響力，後因內線交易等問題遭到起訴、判罪。

2、**岩盤浴**　以天然礦石鋪設成平台，將礦石溫熱，供人躺在其上促進身體的新陳代謝。

3、**青木洛基**　本名青木廣彰，前奧運日裔摔角選手，二〇〇八年七月十日於紐約過世，享年六十九歲。

4、**DAIGO**　本名內藤大湖，一九七八年生，是日本樂隊BREAKERZ的主唱。

5、**Midtown**　二〇〇七年三月底在東京開幕，原本的所在地是日本防衛廳的舊址，佔地約十萬平方公尺，過去在日人的印象中，是外國人聚集、龍蛇雜處治安不佳的地區，現在氣象一新，除了含括所有的生活機能，更融入創意，完成真正為人設想的提案，讓它成為近年來都市更新計畫的典範。

6、**TSUTAYA**　專賣DVD、漫畫、書籍、電玩的大型連鎖店，在日本各地皆有分店。

07

森泉

Izumi Mori

從內而外創造讓人愉悅的名模時尚

zumi Mori

森泉，生於一九八二年。祖母是馳名全球的服裝設計師森英惠。母親是義裔美國人，天生麗質，十九歲出道成為時裝雜誌模特兒，並榮獲日本服裝編輯俱樂部主辦的第四十八屆年度模特兒大獎，進軍巴黎時裝週，成為超級名模。除了擔任模特兒，拍攝時裝雜誌、廣告，參與服裝秀演出之外，二〇〇五年，她參與主持日本電視台訪談節目《灑落主義》；二〇〇六至二〇〇八年，擔任香港觀光大使；二〇〇六年，參與日本電視台連續劇《第五十九次的求婚》演出。

傳達出幸福感、渾然天成的「超」名模

森泉隸屬奧斯卡經紀公司（OSCAR INTERNATIONAL AGENCY）。奧斯卡藝能公司在日本以模特兒經紀公司起家，是模特兒業界的第一把交椅。除此之外，奧斯卡藝能公司透過舉辦「全日本國民美少女選拔賽」，發掘有潛力的女星，主演多部日劇的上戶彩、米倉涼子、《惡作劇之吻》女主角佐藤藍子等人，皆出身於這項選拔賽中。由於旗下女星、模特兒如雲，奧斯卡藝能公司因而有「美的綜合商社」之稱。近年來，更放眼亞洲，與中國模特兒業界龍頭東方賓利文化發展中心（CHINA BENTLEY）聯手合作；除此之外，還與台灣的凱渥模特兒公司合作網羅台灣名模林志玲、《冬季戀歌》中飾演女主角情敵彩琳的韓國女星朴率美等。

「全日本國民美少女選拔賽」起源於前日本女星後藤久美子，她在主演

NHK《電視國的愛麗絲》一劇之後，獲得「國民美少女」之美譽。她所隸屬的奧斯卡藝能公司為了「尋找第二位後藤久美子」，於是在一九八七年舉辦「全日本國民美少女選拔賽」，徵選十二至二十歲的美少女，以創造美的文化為目的，設有總冠軍、評審特別獎、演技獎、模特兒獎、音樂獎等七項獎項。至二〇〇九年為止，已經舉辦十二屆。

二〇〇四年，森泉參加巴黎社交界舞蹈會（Debutante Ball），她的姓名因而刊載在巴黎社交界名冊上。在歐洲的傳統上，成年的上流社會女性身穿象徵純潔的白紗晚宴禮服、配戴白手套與家傳首飾，前往謁見國王，表示已屆合法結婚年齡，獲准允許露臉參與社交界活動。往昔，法國社交界在凡爾賽宮或巴黎歌劇院舉辦這場社交界舞蹈盛會；不過，這項活動在六〇年代暫時落幕。一九九一年，這項傳統再度復活，每年在協和廣場前的克里雍大飯店[1]舉辦，除了沿襲傳統宣告正式進入社交界，更注入慈善精神在這一傳統活動中。邀請世界各地出身的名門世家、才貌雙全、十六至二十歲的名媛千金參加。曾經參與這項社交盛會的有前蘇聯總理戈巴契夫的孫女、比利時公主、埃及公主、美國甘乃迪家千金、英國歌手菲爾柯林斯的千金等。

除了擔任模特兒，拍攝時裝雜誌、廣告，參與服裝秀演出之外，二〇〇五年，森泉參與主持日本電視台的訪談節目《灑落主義》[2]，她無厘頭式的趣味發言風格，常令其他兩位主持人上田晉也與藤木直人招架不住。她在節目中展現

森泉於二〇〇四年參加於法國巴黎克里雍大飯店舉行的社交界舞蹈會。

的時尚風格，更獲得廣大女性的喜愛，節目官方網頁還開闢專區，報導她在每集節目中的裝扮。除了之外，她是《轉呀轉呀九十九》[3]美食競賽單元主持人，在單元中，森泉身穿祖母森英惠特別為她設計的制服；此外，她還是《放開胸懷don》[4]的週二固定來賓。二〇〇六年至二〇〇八年，她擔任香港觀光大使；二〇〇六年，參與日本電視台連續劇《第五十九次的求婚》的演出。

森泉在經紀公司的安排下，近來也著手參與設計工作。她為擔任主持的常態節目《灑落主義》，與UNBILLION[5]公司合作，以流行的長頸鹿斑紋為靈感，設計金、銀兩款美觀大方、簡便實用的托特包。

森泉喜愛動物，家中飼養不少寵物，有狗兒、烏龜、鸚鵡等。從訪談中即可得知她對動物的熱愛。

不論何時何地，森泉總是讓人感到愉悅，充滿幸福，與其說是超級名模，更不如說她創造出屬於自己的模特兒風格，一種不受拘束，樂在其中的工作態度，因此感染了一起工作的夥伴，以及許許多多的年輕女性。■

森泉擔任《轉呀轉呀九十九》美食競賽單元主持人，在單元中，森泉身穿祖母森英惠特別為她設計的制服。

森泉參與主持日本電視台的訪談節目《灑落主義》，節目中每一回皆會呈現不同的整體造型，受到許多年輕女性的喜愛，節目網頁特別闢一專區，介紹森泉穿搭的服飾品牌。

森泉的超名模學

10 問

Tammy Kawamura × Izumi Mori

01

請介紹從小獲得的美學教育培養，尤其是祖母森英惠女士對您的教育方針。

從小，祖母便會帶著我參觀服裝表演秀。我經常待在後台觀察大人工作的模樣，祖母也會為我換上漂亮的衣服，透過這些耳濡目染，在我長大成人之後，都成為珍貴的體驗。此外，祖母常常告訴我，多吃蔬菜，才會變得更漂亮，總讓我覺得祖母非常關心我們這些孫子。有時，週末假日，她還會親自下廚為我們費心張羅一頓美食，然後全家一起享用。平常，我總是看到祖母勤奮工作的身影；然而在家中，卻又展現溫馨親切的另一面。言教不如身教，祖母所塑造的形象典範，自然而然地深印在我的心中。

森泉參與祖母森英惠的品牌「HANNE MORI」，在巴黎時尚週的壓軸演出，祖孫兩代溫馨演出時尚的美麗。

02

無論是雜誌模特兒的拍攝，或是電視節目的演出，您都展現令人愉悅的幸福感。這種幸福感要如何養成呢？

這份工作並非是我的第一志願。高中時，我赴美就學，返回日本之後，發現自己對設計很有興趣，於是進入設計學校研讀。當時，我希望自己能夠離開家庭，獨立自主，正想尋找一份兼差工作，以便半工半讀，十分湊巧地獲得出道的機會。

最初，我非常不習慣，因此倍感辛苦，內心也感到困惑。但是，周遭人士紛紛提供各種意見和建言，於是，我決定要以樂在其中的心情來投入工作。我很高興大家都確實感受到我想傳達的心情。

03

您對流行品味的看法是什麼呢？尤其您是名人的千金，在穿著上注重哪些表現呢？

盲目追隨流行，只會流於千篇一律，毫無特色。

裝扮一定要展現自己的特色。運用裝飾品便能營造不同的特色。所以，我廣泛觀賞各種裝飾品，進行各種嘗試。

服裝打扮絕不需要全身上下都是昂貴的高價物品，必須進行混搭。全身掛滿名牌物品，反而容易令人生厭。我會設法靈活搭配運用，例如休閒T恤搭配高貴飾品等。

我自己也還處於摸索學習階段，因為，從每天的工作生活體驗中，陸續不斷出現各種不同的新鮮事物。例如，我不喜歡綠色，所以私底下絕對不選擇綠色衣服，甚至規定自己的衣櫃中，絕對不能出現綠色衣服。但是，在拍攝服裝雜誌時，總會穿著各種款式顏色的衣服，我才發現綠色還蠻漂亮的呢。在各種不同的嘗試中，其實都能有新的發現。

流行可以挑戰各式各樣的服飾，但是，自己信賴的人士所提供的意見更是重要。

04

美國名媛芭黎絲．希爾頓總是引起各種騷動，她的行事風格獲得眾多女性的支持，請教您個人的看法。

過去，世人不喜過度彰顯自己特色的人士。但是，現在能夠展現自我特色的女性，則能夠成為大眾憧憬的目標。姑且不論她的行事風格，但是她勇於表現自己的態度，令我十分佩服。

05

請談談您和高級時尚雜誌《25ans》的合作關係。在工作現場中，是否有許多嚴格的要求呢？

我和《25ans》合作已久。從我才初出茅廬，對流行時尚一竅不通、不懂得如何擺姿勢的時期開始，就一直合作至今。我根本就等於是和《25ans》共同成長茁壯的。對我而言，這裡彷彿就是一所學校，教導我各種事務，工作人員都像是親友般照顧我。我真的衷心感謝。雜誌社的資訊掌握迅速，而且擁有無窮無盡的優異傑出想法。

例如，針對當今流行的高雅千金風格，雜誌完全熟悉應該如何穿著搭配，令我從中獲益匪淺。

總編輯十河女士向來直話直說，絕不妥協放水，反而更促使我學習成長。她的處世態度非常令人敬佩，所以能夠在她主導的雜誌下工作，真是樂趣無窮。雖然，有時仍會和工作人員發生口角不愉快，也會覺得辛苦，但是大家都是發自內心地真誠指導我、建議我，我覺得非常幸運。雜誌的要求十分嚴格，即使照片成品已經完美無缺，仍然精益求精，務必精確達到《25ans》的風格。

我覺得這些要求事項實在不容易達成，雖然一般雜誌都會有同樣的要求。但是，《25ans》卻更追求完美，例如畫面必須美輪美奐，姿勢必須典雅等，觀點都與眾不同。

06

目前，名模的一舉一動都牽動廣大女性的心，請問如何才能成為一位超級名模或人氣名模呢？

我也想知道呢，還請您教我如何才能成為一位超級名模啊。

我想，周圍的人士給予我諸多的支持，這是非常重要的。這些人都是我的貴人。此外，既然進入這個業界，就應該融入其中，並且樂在其中，同時保持自我特色。

我不認為自己和眾人不同。不過，可能比較不同的是我不喜歡受限，例如飲食的限制等等。因為，過度嚴苛的限制，反而會導致我只想逃離。不過，周圍的人都很瞭解我，所以我才能持續至今。

我飼養很多隻狗，當我心情低落時，都靠牠們幫助我跳脫困境。因為，即使是心情沮喪，百般不情願，我仍舊得帶著狗兒出門散步。當我走出戶外，遇見陽光，總能令自己重新燃起希望。

我一共飼養了五隻狗，分別是迷你杜賓狗的「首領」、諾福克梗犬的「小丸子」、吉娃娃的「伊莎貝爾」、迷你牛頭梗犬的「貝克」和「吉郎」。

動物總會打架，但是從打架當中，自然會分出勝負，而且也顯現每隻愛犬的個性和表情。家中最初飼養的兩隻狗，是曾遭主人遺棄的棄養犬，所以剛來家中時，警戒心非常強。但是最近已經逐漸改變了。

從這些動物身上，我也學到很多事物。

為了心愛的寵物，我會親自畫設計圖，購買木材，當個臨時木工，為愛狗釘製狗屋。我實在太喜歡狗了，最近我還自創品牌「CELEBRA DOG」，設計狗兒的服飾。我甚至還參加飼主檢定測驗[6]。由於許久未參加測驗，在考場中，我非常緊張呢。但是透過研讀測驗參考書籍，我更進一步瞭解狗兒的飼養、健康、禮儀等知識與相關法規，能夠以更專業負責的態度，面對愛狗。我還希望將來能夠參加更多為了世界各地不幸動物的活動。

07

日本對職業婦女向來有各種形容詞，例如「敗犬」、「不婚熟女」，請教您的看法。

最近，不結婚的人越來越多了。

不過，這是前陣子的現象。

最近，已婚的女性，能夠兼顧家庭和工作，反而獲得推崇是理想的女性。我將來也希望當個家庭事業兼顧的女性。如果要求我不准工作，我可能會不開心吧。雖然，家庭中也有許多重要的事，但是，人生難得，僅只一回，我覺得應該盡情體驗享受。

雖然，對我而言，結婚一事尚且遙遠，但是我實在無法想樣自己在婚後辭職，完全走入家庭。

我很憧憬既能努力工作，又能自律享受私人生活的方式。

我的親友中，有不少是已婚人士。家中有五個兄弟姊妹，大家都勤奮工作，也能自在享受家庭生活。所以，我很嚮往這種生活，希望自己未來能夠遇見同樣想法的丈夫呢。

08

您的個人美學是什麼呢？當您在日本和海外時，所感受到的差異是什麼呢？

我不喜歡規律受限，例如，一定要去健身房，一定要去運動等等。

在飲食方面，受到母親的影響，從小身體不適時，或補充體力時，母親會餵我喝巴西莓。久而久之，飲用巴西莓成為我的習慣，早上一杯巴西莓汁，總讓我覺得活力充沛，精神百倍。巴西莓對女性的健康或美容有絕佳的效果，更適合生活不規律的現代人。我長期飲用巴西莓飲料，今年六月時，還因此獲得二〇〇九年巴西莓名人的美貌部門獎呢。

我喜歡隨性自由。

家是我放鬆安靜的地方，回到家，就有狗兒陪伴著我，而且還有許多綠樹花草環繞在身邊。入浴時間對女性而言是很重要的，我將入浴時間做為一種工作與家居生活的轉換時間，入浴之後，就是結束一切工作的輕鬆時間。

此外，既然生為女人，就應該盡情享受流行裝扮和美妝。天底下沒有醜女人，只有懶女人，每位女性都能成為漂亮美女，所以絕對不能放棄。在國外，有很多女性到了四十歲、五十歲，依舊美麗動人。所以，絕對

森泉擔任時裝秀的模特兒。

不要放棄身為女人的權利，大方享受妝點自己的樂趣。

女性絕對不能輸給第三性公關啊！

他們對於美的要求非常高，的確有許多地方值得我們學習。

我的高中時期是在美國度過的。隨著季節轉變，學校社團活動也隨之不同，學生能夠享受各種體驗。我很喜歡挑戰各項運動等，所以選擇符合季節的項目，例如滑水。飄雪的冬季，則挑戰滑雪板等。每種項目，各有樂趣。

但是，有時候，我會在大自然中馳騁跑步，不僅能夠放鬆心情，還能強健體魄，真是一舉兩得。

09

在您未來的計畫中，是否會在日本與海外進行更多的交流活動呢？

由於家族的關係，我常有前往海外的機會，參觀各地。如果有機會的話，我希望能夠前往更多的國家，體驗各種文化。

日本越來越國際化，香港等國家的亞洲藝人經常訪問日本，當然也有很多日本藝人也前往世界各地。我希望將來能有機會共同參與。

我很高興能夠擔任香港觀光大使。

日本前往香港的飛航時間，只有約四個小時，有著許多日本所沒有的景點，例如夜市，趣味十足，美味的食物令人吮指回味，難以忘懷。道道美食，總令我在不知不覺之中越吃越多呢。

當地的居民非常親切，總是為我注入無窮活力。

最近，我發現一間具有現代風格的酒吧餐廳，不僅能夠優雅地享用香檳，還能一邊欣賞窗外的美麗海景。

藉著工作之便，我得以數度往返香港，讓我能夠更深入瞭解，彷彿成了自己的第二故鄉。我希望將來能認識更多國家，增加更多的第二故鄉。

註釋

Izumi Mori

1、**克里雍大飯店（Hôtel de Crillon）** 建於一七五八年，位於巴黎協和廣場北側、香榭麗舍大道東端，是一間歷史悠久的五星級飯店。飯店內隨處充滿著十七、十八世紀的法式風格與情調，頂樓的二間套房「路易十五套房」與「伯恩斯坦套房」露台，可放眼欣賞巴黎全景與艾菲爾鐵塔，著名的美國指揮家與作曲家伯恩斯坦（Leonard Bernstein）數度下榻於此；「瑪麗皇后沙龍」曾是法王路易十六的瑪麗皇后學習音樂之處。

2、**灑落主義** 日本電視台製播的訪談性節目。主持人是上田晉也、藤木直人、森泉。播映時間為每週日晚上十點至十一點半。

3、**轉呀轉九十九** 日本電視台製播的綜藝節目，一九九四年播映至今。主持人是搞笑團體九十九的岡村隆史與矢部浩之。播映時間現為每週四晚上八點至九點。

4、**放開胸懷don** 日本電視製播的資訊綜藝節目。主持人是中山秀征、夏目三九等人。播映時間現為每週一至週五中午十二點至兩點。

5、**株式會社UN BILLION** 成立於一九九六年。經營皮包、飾物等直營、批發與銷售。旗下有cache cache、kakatoo、priority等品牌。二〇〇六年的營業額為三十六億日圓。

6、**飼主檢定測驗** 由日本動物愛護社會化協會主辦，分為基礎級與專業級。希望飼主透過專業知識法規的吸收，正視飼主所肩負的社會責任，實踐人與家庭動物得以共生共存的富饒社會。

08

ENAMI眞理子

Mariko Enami

提煉巨星風采的時尚造型師
一期一會真心創造美麗的工作哲學

riko Enami

ENAMI眞理子，生於東京。畢業於Setsu Mode專科學校。高二時，作品即入選日本二科展。她原本是位插畫家，後來轉換跑道，成為造型師。曾為瀨戶朝香、米倉涼子、松島菜菜子等著名女星進行造型設計。她主要為廣告、雜誌、電影等設計造型與服裝，也擔任品牌顧問。至目前為止，她已經參與超過一千支廣告。目前，她是ENAMI眞理子事務所的總負責人。

提煉巨星風采的造型信念

在日本時尚產業中，要成為一位頂尖的造型師是相當不容易的，除了才華，更需要累積豐厚的資歷及人脈，因此年輕造型師並不容易出線。ENAMI 真理子女士除了具備造型的專業及才華，更重要的是她也是一位ＥＱ相當高的工作者，不管是為明星造型或是幫廣告公司完成人物造型設計，都能讓客戶相當滿意與信賴。這些皆源於她獨特的工作信念——「無論是誰，我只希望讓他們都能散發美麗的光彩」，往往可以讓客戶感染到她的熱情與心意。因此一項完美的時尚造型任務，同時也是一場美麗的邂逅，正如日本傳統文化裡的「一期一會」，每一次的相遇身為主人的我，一定真心相對，而彼此信賴的工作氛圍下激盪出的火花，才是每一項造型挑戰最珍貴的所在。■

Ma

ENAMI 真理子的工作哲學

每個人都能成為我的學習對象，所以我喜歡與人接觸溝通。東京是個臥虎藏龍的地方，每次與人的相遇，我都視為是自己的幸運機緣。我絕非天才，所以我也會模仿他人，但是會融入自己的獨創想法，打造屬於自己的作品。

ENAMI眞理子的時尚造型學

10問

Tammy Kawamura × Mariko Enami

01

您曾經和多位女演員合作，例如活躍於第一線的松島菜菜子、米倉涼子、小雪、天海祐希，也有深具潛力的新人志田未來、成海璃子等。請問，您如何和不同年齡層、不同等級的明星合作，並為他們創造美麗？

無論是誰，我只希望他們都能散發美麗的光彩。

當我為模特兒設計造型時，通常我比較注重時尚潮流；而在為女星裝扮時，我則比較重視個人特質和身分地位。

不過，在拍攝廣告時，則必須配合廠商的需求。我不能單方面要求女星全面配合廠商的需求，也不能全然聽從順應女星的喜好，我必須設法融合協調兩者。所以，我是一位造型師，同時也是一位協調者。

志田未來是一位年僅十四、十五歲的年輕女星，擁有年輕人充沛的活力，前途不可限量，我非常期待樂見她未來的發展。面對她時，我絕對不會將她視為一個小孩子，而是將她視為一位女星，一個成熟的大人；如此一來，才能夠幫助她成長。

無論是面對五十歲以上的人，或是三十歲的人，亦或是十歲、二十歲的人，我的視線觀點都是平等的，絕不因人而異。當然面對比我年長的人，我會表示應有的尊重，其他則一視同仁。

最重要的就是令當事人散發光彩。

服裝的確扮演著非常重要的角色，女性因此能改頭換面，變得亮麗動人。我在為他們設計造型時，一心只想著：「我希望她越來越受歡迎，越來越成功。」對方似乎能夠充分體認理解我為他們著想的心情，因此更能信賴我，促使關係更為良好，工作更能順利進行。這是一種良性的循環。

私底下，我和模特兒或女星都保持友好的關係。我想任何人都是一樣的，一定不願意讓自己討厭的人，看到自己的裸體，或是幫自己穿著、打理衣服。所以，對我而言，信賴關係是非常重要的。

02

您曾經和大提琴家馬友友，以及作家柳美里合作，在這些不同領域的藝術家身上，您有什麼不同的發現嗎？

他們真的是不折不扣的藝術家啊！我也曾和世界級的人物合作，的確不同凡響，但是馬友友先生毫不遜色，他擁有亞洲人特有的纖細敏感。歐美人天生具有種族優越感，但是馬友友先生卻毫無這種傲氣，我從未見過像他這樣的人，能夠和他合作，自己製作的服裝能夠穿在他的身上，真的是我的職業生涯中最開心的事情。

他不僅是一位傑出優秀的音樂家，更擁有令人敬佩的人格，同樣身為亞洲人，我覺得非常榮幸。前陣子，他曾經參與奧運的演出，深深覺得能夠和他合作，真是一件光榮的事情。

柳美里是一位非常有趣的作家。她是韓國人，冰雪聰明，人生閱歷相當豐富。閱讀她的著作之後，令我非常地驚訝——她的家人離散四處，自己獨自一人產子，不離不棄地照顧罹癌的戀人。但是，見到她本人的時候，卻完全感受不到那種氣氛，令人難以置信她的人生竟然是如此波折不斷。她的臉孔清秀，一頭飄逸長髮，漂亮卻又有著菩薩般的慈祥面貌。她妙語如珠，總是逗人開心；但是沈默不語時，卻又像少女般沈靜。這種落差，總令人心生好奇。所以，我非常喜歡和她碰面，聽她說話。很湊巧地，她似乎也很喜歡我。所以，我們兩人非常投緣。

她從不虛應了事、誇大其辭、逢迎奉承，所以，我能輕鬆以平常心對待。日本人有時比較謹慎多禮；但是和柳美里小姐合作時，我只需要注重最基本的禮貌即可，不需要太多虛應表面的禮節。

我很幸運，常和各種不同有趣的人合作。因此即使是再高難度的造型工作，反而令我興致勃勃、充滿鬥志；當我完成任務，並且和合作對象建立起良好關係時，我總是覺得非常有成就感，非常滿足。

03

日本的石岡瑛子[1]曾經創造出非常多種令人難忘的經典造型，例如電影《入侵腦細胞》（*The Cell,2000*）。您的記憶中，有什麼印象深刻的造型經驗嗎？

電影方面的工作，我也參與不少。石岡瑛子小姐是深具日本代表性的人物，年輕時，我曾和她多次碰面，她天賦異秉、才華洋溢，我們必須埋頭努力不懈才能達到她的成就，但她完全不費吹灰之力，這一點真是無人能出其右，令人難以望其項背。

電影工作中，最令我難以忘懷的是大約二十年前，日本著名導演大林宣彥執導的《與異人們的夏天》，這是一部描寫日本舊時代老社區的故事，影片中的父親是工匠，母親則是家庭主婦，邋遢不注重裝扮，由女星秋吉久美子飾演。最初，我製作非常普通、一般家庭主婦所穿著的服裝。沒想到石岡前輩找出當時的照片，建議我修改服裝，即使是微小之處，也絕不妥協。不過，在時尚流行業興盛的日本，令人難以理解的是日本奧斯卡電影獎並沒有設置服裝設計獎。如果有這一獎項的話，這部電影一定能夠得獎。

在這項電影服裝設計工作中，我收穫豐碩，並且深具意義；我並非為了得獎而努力，但是，總覺得沒有獎項的鼓勵，令人缺少向前邁進的動力；所以，從此，我對電影的工作就興趣缺缺。日本電影在這一方面，似乎還落後一大截。

04 日本的廣告中，常有誇張的服裝造型，您有什麼有趣的經驗嗎？

最近的景氣不好，很難創作有趣的作品，不過，在八〇年代後期，以及九〇年代的泡沫經濟時代，製作費用毫無上限，所以，我可以盡情嘗試，沒有後顧之憂或限制，因此，也獲得不少獎項。

麥當勞的廣告十分有趣，廣告設定是一位蠢將軍和隨身侍從，前往塞班島。當時我想，如果只是縫製一般和服，那就毫無新意，於是我都用紙製作服裝。我拼貼了千代紙、包裝紙等各種紙張，並在紙製和服上裝飾各種立體飾品，還用毛筆沾墨寫字，甚至連假髮都是紙製的。於是，廣告中，兩位主從穿著這些紙製的服飾，前往塞班島的各個地方，發生一連串令人逗趣的事情。經由這項工作，我體驗到用紙製作的樂趣。這是我最喜歡的廣告。

後來，外國藝人開始出現在螢光幕上，我將七位外國人化身為七福神。服裝、船等其他道具，全部都以紙製作完成，非常有趣、可愛，而且令人印象深刻。

在一支麥當勞的廣告，用紙製作服裝，這是平面廣告的效果。

此外，我還曾經將當紅藝人明石家秋刀魚先生，扮成仙人或王子，甚至還男扮女裝成為媽媽，完全任意發揮。這支廣告也因此獲獎。

我非常喜歡這些趣味十足的工作。

不過，現在很少能夠這麼大手筆、且毫無限制地發揮創意了。廣告客戶都不願意花錢，所以難以製作精緻的作品。最近，Panasonic拍攝小雪小姐的廣告，客戶不但願意花錢，而且願意冒險挑戰不同的視覺感受，可說是相當難得的機會。電視廣告就是戰爭，必須顯眼，惹人注目才行。

我並非覺得舊時代是美好時光。但是，我看過無數的精品，覺得泡沫經濟時代其實創造不少歡樂，例如前往拍攝場所時，總能搭乘頭等艙，住宿一流飯店。這樣的時代，恐怕很難再現。

俗語說，由儉入奢易，由奢入儉難，老是嫌棄便宜物品，或許有人會反感，但是，服裝、寶石、提包等真的必須選擇高級品，一分錢真的是一分貨啊。即使其他物品改換成次級品，對於提包和鞋子，我還是堅持挑選優良的品牌。

我曾和Patricia Field[2]見面多次，她是一位非常傑出的人物。有一次，我向她表示自己非常喜歡她設計的造型，獲益甚多。她只是謙遜地答道，美國有更多活力充沛的人。她很愛喝威士忌，真得是一個非常棒的人。我們有相同的觀點，對於皮鞋和提包都是堅持選用優良的品牌。

05

日本的造型成為很多國家參考的範本，平常，您都從何處吸收流行訊息和美學呢？

我會隨時注意時尚引領者的傾向，觀看時裝秀，還會隨時瀏覽網路；此外，我會收到各種資訊，我都會盡力吸收。這些都是造型師的基本功課。

書籍也是資訊吸收的來源。我原本是學畫畫的，也是一位插畫家，所以，我傾向圖畫式的思考。時尚注重搭配，我會以圖像觀點進行判斷。最近，我經常描繪花朵，嘗試各種色彩的調配。我非常喜歡花，還曾經想開花店。在描繪花朵的過程當中，我能夠學習到非常多的事物，並且深深覺得大自然色彩真是上天贈與的禮物，美得令人讚嘆。例如木槿花是豔紅的花朵搭配綠葉，卻毫無不妥之處，但是這種色彩搭配運用在毛衣上，則會顯得非常突兀與怪異。

我的工作需要運用想像力。所以，觀察大自然是一件必要的功課。此外，我喜愛閱讀小說，想像書中人物的穿著。我非常喜歡運用各種媒體，讓自己的想像力盡情地奔馳，其實這是一件很享受的事情。

本來是學繪畫的真理子，日常生活也熱愛以繪畫的方式創作家中的擺飾。

走在街上，我也會注意打扮得體漂亮的人。朋友也是我的資訊來源，聚會聊天時，我就能聽到各種不同的事情。

電影也是我的訊息來源。從小，我就喜歡看電影，例如五〇、六〇年代的奧黛麗・赫本等人的電影。現在時尚潮流正在復古，再度流行六〇年代的時尚，以前的電影真得非常棒。我常去購買服裝的店，店內還留著赫本在電影中穿著衣服的原稿，那是為電影《窈窕淑女》設計服裝的原稿，經過數十年了，仍然貼在牆上；在美國電影中實際使用的服裝，時至今日仍舊完好如初地保管在倉庫中，日本電影的戲服則丟得一件不剩了。好萊塢不愧是電影工業的龍頭，慎重保留電影的歷史文化，展現電影真正的魅力，讓我非常樂意參與其中，而且工作容易上手，毫無阻礙。例如在日本拍片需要調度服裝時，可以向攝影棚商借，而百貨公司則不行，理由是百貨公司商品是銷售用的；但是在好萊塢，百貨公司百分之百願意出借服裝，只需事先刷卡保證，這對造型工作者來說，真是一個令人感動的制度。

好萊塢稱造型師為「戲服師」（wardrobe），待遇真是不同，我能配備一台禮車任意使用，但在日本拍攝電影時，則不可能有此禮遇。所以，我非常懷念在洛杉磯的工作經驗，甚至希望能在那裡工作得長久一點。

好萊塢對待專業人士的態度，完全迴異。在日本的電影界，只有屬於日本的世界，但是好萊塢是世界性的。

不過，話說回來，黑澤明導演等大師的時代則是無可比擬的。最近，很多舊時代的電影都轉製成DVD上市發售，我常常在工作休閒之餘觀賞，除了電影故事情節感人，扣人心弦，電影人物的穿著、造型也是歷久不衰，令人玩味。

從前的廣告拍攝很多都是手工製作，手工操作，所以潛藏著許多挑戰的趣味；現在則是瞬間完成，瞬間消失，實在無趣之味。

06

電影《送行者》中的影像或是原宿的流行，都是日本美學的代表之一，且都獲得全世界的注目。您認為日本美學能夠從哪些地方欣賞得到呢？

《送行者》的主角本木雅弘是我的友人，在電影拍攝之前，他曾告訴我，他將在這部電影演出，這部電影是他等待已久的好腳本，所以他將盡全力演好這部影片。這部電影表達對亡者的敬意，雖然這是全世界的共通情感，但是片中所傳達的氛圍，我想應該是日本的獨特之處，優雅有禮的手部動作，沈靜平穩的對話，彷彿就像是花朵的擺動。纖細、沈靜，我想這是日本獨有的特質。歐美對於美的感受是直接的，出白本能的，但是日本的美則必須用心感受，慢慢體會，電影《送行者》就是在傳達這種日式的美感價值觀。這幾年正好流行日本風潮，這部電影趁勢宣傳日本的美感價值，而且還能夠得獎，真是令人開心。日本對於歐美人而言，不再只是古裝片中紮著高髻、耍狠無賴的印象，而是能夠呈顯出新時代的形象了。時至今日，仍有不少偏遠郊區的歐美人對日本人的印象，還一直停留在古裝劇中的扮像呢。所以，這部當代電影能夠得獎，意義重大。

日本人對於細微之處也絕不敷衍了事，這是日本人的習慣思維，也是值得自豪之處。

07

中國、韓國、台灣等其他亞洲國家的明星造型，您覺得和日本明星的造型，是否有所不同？

中國或韓國的明星造型，無論是色彩、裝扮、化妝等方面，皆比日本明星更為華麗。這種比較無關好壞，只是日本人不適合華麗的造型。日本有謙讓的美德，自古以來就讚揚低調行事，所以，這是深植在日本人基因中的觀念。韓國或台灣的明星，身形比較高大，所以適合華麗的造型。日本人比較嬌小，適合簡素的裝扮。不過，我裝扮過的女星有不少人的身高相當高，而且五官突出，所以適合穿著洋裝。
此外，日本人的姿勢不漂亮，同是亞洲人，其他亞洲國家的人都抬頭挺胸，令人感覺自信滿滿。
不過，日本女性已經越來越懂得如何裝扮自己，希望未來能夠更瞭解如何凸顯自己的優點。

08

造型設計在時尚產業中佔有重要的一環，但是在不景氣的今天，什麼樣的造型才能符合現狀呢？

現在，眾家媒體整天嚷著日本不景氣，導致即使是擁有消費能力的人，也都減少購物支出。媒體營造的氣氛，塑造出購物就是浪費的行為，實在是非常不自然，因為大家不消費，景氣才會越來越糟糕。當然，金錢不能隨便浪費，但是，擁有充裕消費能力的人確實很多，我覺得這些人應該依照往常消費即可。
而且，現在物價下降，以前無法購得的物品，現在反而有能力購買。
媒體總是喧嚷現在是景氣谷底，前景堪慮，導致大家惶恐不安，更加看緊荷包。其實，這樣根本毫無助益，只會造成惡性循環。
我曾在專欄中提及一般家庭主婦當然必須控制家計，但是，我不希望因噎廢食，從此放棄打扮自己。打扮自己不一定需要花大錢，從日常生活當中，即使只是為自己裝飾一朵美麗的花兒，或是居家打掃清潔，亦或是摒棄便利商店便當，自己親手料理便當等，這些妝點日常生活的小事，都能成為裝扮自己的一環。

現在到處都在銷售平價物品，例如UNIQLO、H&M等，我並不認為便宜貨就不好。UNIQLO的品質精良，而且製作基本款式，我覺得UNIQLO提供消費者很好的選擇。但是，畢竟我是一位造型師，不可能全部都使用UNIQLO。懂得裝扮訣竅的人，在這些普通基本的款式上，搭配上自己喜愛的飾品或名牌就很出色。

常有些人身上穿著名牌，但是，腳上卻履著幾百元的皮鞋，而且還磨損破爛不成形，真是令人不忍卒睹。我經常表示，裝扮自己，先從學會穿一雙好鞋開始。不懂得穿好鞋，永遠不會懂得什麼才是裝扮的真諦。

沒有醜女人，只有懶女人，女性絕不能以不懂為藉口，放棄努力，隨便敷衍了事。女性在年輕單身的時候，會花費心思修飾裝扮自己，為什麼在當了媽媽之後，就藉故不再打扮，這絕對是錯誤的。隨著時間的經過，努力的成果就會展現差異。而且，必須要從二十歲開始努力，如此一來，到了四十歲、五十歲，各位一定能夠看到努力的回報。

或許有人會提出反論，認為我是造型師，所以能夠遇見很多美容高手，傳授美容祕訣；其實，天下無難事，只怕有心人，自己如果擅自放棄，神仙也難救。只有自己隨時做好準備，一定能遇見幫助自己的人，機會隨時都在身旁，但是，機會只為了做好萬全準備的人而存在。

09

目前，日本很流行「熟女型男士」為明星設計造型，您覺得在表現方式上，有什麼不同呢？

我覺得個人口味喜好不同，只是像 IKKO[3] 所設計的造型，常常比較誇張，彷彿像是參加扮裝舞會。所以，我並不建議平常人採用，而且，也不符合日本美學。

雖然，我不可能進行那種造型，但是站在欣賞的角度，卻是令人愉悅開心的。

10

造型的實務經驗，如何傳授給新進的世代呢？

首先，必須先對自己做好心理建設，瞭解自己是「獨一無二」。

然後是旺盛的好奇心。有了旺盛的好奇心，才會對各項事物產生興趣，不斷積極前進，努力學習吸收各項事物。缺乏好奇心，則對周遭人事物喪失興趣，自然而然地也不會關心他人或自己的穿著打扮。

我一直擁有旺盛的好奇心，例如對於獲得廣大支持歡迎的明星，我會研究這位明星受歡迎的原因。無論好壞，我都會觀察研究，因為這些都能夠成為我的參考經驗。

每個人都能成為我的學習對象，所以我喜歡與人接觸溝通。東京是個臥虎藏龍的地方，每次與人的相遇，我都視為是自己的幸運機緣。我絕非天才，所以我也會模仿他人，但是會融入自己的獨創想法，打造屬於自己的作品。

我們總是說著「現代、現代」，但是，現代流行的服裝其實在模仿六〇年代，日本人的服裝也根本在模仿百年以前的古人服飾造型。總有人高調表示「絕不模仿，完全獨創」，這是不可能的，沒有所謂「完全獨創」的歷史，西方也是傳承古代事物。舉例來說，現在流行六〇年代風潮，所以很多設計師都從舊書店尋找書籍，挖掘靈感。

模仿絕非壞事，而是如何從模仿中創造獨一無二；好奇心能夠幫助達成這個目標，然後就得靠不間斷的努力，雖然辛苦，卻是必須付出的代價。

美容師有美容師的學校，攝影師有攝影師的學校，但是造型師卻沒有專門的學校。我是學畫的，根本和造型毫無相關，全靠好奇心和努力，從原本的一竅不通，慢慢晉升到今日的地位。

曾有朋友表示，自己本身就是一張名片，得體整潔的打扮，就容易獲得他人的信任，任何印刷精美的名片都無法真實地表達自己。所以，注重外表打扮真的是一件很重要的事情。從小，我就喜歡打扮自己，隨著年代流行的不同，各種造型我都曾經嘗試過。例如三十歲時，正逢泡沫經濟的鼎盛時期，流行身穿緊身洋裝，足履細高跟鞋，現在反觀當時的裝扮，總是覺得好笑。現在工作時，我通常不選擇鮮豔的原色服裝，而是穿著淡灰、白色或淡藍等令人心情舒爽的顏色；不過，前往參加宴會時，我就會慎重其事，盛裝打扮，這些就是來自三十歲當時的經驗。

所以，別停止探求的好奇心，別停止嘗新的挑戰，別停止艱辛的努力，才能立於不敗之地。

HOLLYWOOD CATS
CHANEL
Cartier
CHANEL

ENAMI 真理子的日常生活美學

打扮自己不一定需要花大錢，從日常生活當中，即使只是為自己裝飾一朵美麗的花兒，或是居家打掃清潔，亦或是摒棄便利商店便當，自己親手料理便當等，這些妝點日常生活的小事，其實都是裝扮自己的一環。

註釋

Mariko Enami

1、**石岡瑛子** 生於一九三九年，東京出身。藝術總監，設計師，八〇年代之後，以紐約為活動據點。曾獲得奧斯卡服裝設計獎，一九八七年以爵士歌手邁爾士·戴維斯專輯《TUTU》封面獲得葛萊美獎，坎城影展藝術貢獻獎，二〇〇二年獲頒紫綬褒章。二〇〇八年擔任北京奧運開幕典禮服裝設計。著作有《石岡瑛子風姿花傳》、《石岡瑛子ggg books 68》等。

2、**Patricia Field** 生於一九四二年，美國紐約出身。服裝設計師、造型師。二〇〇二年，擔任電視影集《慾望城市》的服裝設計，獲得艾美獎。二〇〇七年，擔任電影《穿著Prada的惡魔》服裝設計，獲得奧斯卡獎的提名。

3、**IKKO** 生於一九六二年，福岡縣出身。本名豐田一幸。化妝造型師、美髮造型師、藝人。一九九二年，成立IKKO工作室，為女性時尚雜誌、舞台、廣告等設計造型。著作有《超女性雕琢：美麗教主IKKO 召喚幸福的黃金法則》、《IKKO女人法則》等，外表造型顯眼，談話風趣特殊，他的口頭禪還曾在年輕人之間造成流行語言。

Hyper-Fashion Of Contemporary Japanese Celebrity

日本頂尖時尚名人學

參考書目

1、《內田繁with三橋いく代—インテリア・家具・建築》內田繁、三橋いく代(著)／六耀社

2、《普通のデザイン—日常に宿る美のかたち》內田繁(著)／工作舍

3、《3年に一度は「勝利の方程式」を變えなさい》寺田和正(著)／サンマーク出版

4、《現代アートバブル》吉井仁實(著)／光文社

圖片提供致謝

02、四一頁、四二頁、四三頁、四九頁、五〇頁、五一頁、五三頁由吉井仁實畫廊提供。

03、六九頁、七三頁、八一頁由Samantha Thavasa提供。

04、八五頁、八七頁、八八頁、八九頁、九三頁、九五頁、九六頁、九八頁、九九頁、一〇〇頁、一〇一頁由Branding提供。

05、一〇五頁、一一一頁、一一三頁、一一五頁、一一六頁、一一七頁由《25ans》提供。

06、一二九頁、一三三頁、一三五頁、一四三頁、一四六頁由渡邊高志先生提供。

07、一五二頁、一五五頁、一六二頁由日本奧斯卡經紀公司提供。一五三頁由日本電視台提供。

08、一六九頁、一七五頁、一七七頁、一八六頁、一八七頁由ENAMI真理子女士提供。

日本頂尖時尚名人學／秦之敏 著．初版．台北市：商周出版：家庭傳媒城邦分公司，民98.10 ISBN 978-986-6369-49-0（平裝）
1.傳記 2.時尚 3.訪談 4.日本 783.11 98016070

日本頂尖時尚名人學

Hyper-Fashion Of Contemporary Japanese Celebrity BA6410

作者／秦之敏｜企劃選書／何宜珍｜文字編輯／蔡青雯(1、2、3、5、7、8章)．林慧雯＆朱麗真（3、4、6章）責任編輯／周怡君｜採訪現場攝影／熊谷直夫｜版權／黃淑敏、葉立芳｜行銷業務／林彥伶、林詩富｜副總編輯／何宜珍｜總 經 理／彭之琬｜發行人／何飛鵬｜法律顧問／台英國際商務法律事務所 羅明通律師｜出版／商周出版｜臺北市中山區民生東路二段141號9樓｜電話：(02) 2500-7008 傳真：(02) 2500-7759｜E-mail：bwp.service@cite.com.tw｜發行／英屬蓋曼群島商家庭傳媒股份有限公司城邦分公司｜臺北市中山區民生東路二段141號2樓｜讀者服務專線：0800-020-299 24小時傳真服務：(02)2517-0999｜讀者服務信箱E-mail：cs@cite.com.tw｜劃撥帳號／19833503 戶名：英屬蓋曼群島商家庭傳媒股份有限公司城邦分公司｜訂購服務／書虫股份有限公司客服專線：(02)2500-7718；2500-7719｜服務時間：週一至週五上午09:30-12:00；下午13:30-17:00｜24小時傳真專線：(02)2500-1990；2500-1991｜劃撥帳號：19863813 戶名：書虫股份有限公司｜E-mail：service@readingclub.com.tw｜香港發行所／城邦(香港)出版集團有限公司｜香港 灣仔 駱克道193號超商業中心1樓｜電話：(852) 2508 6231 傳真：(852) 2578 9337｜馬新發行所／城邦(馬新)出版集團｜Cité (M) Sdn. Bhd. (458372U)｜11, Jalan 30D/146, Desa Tasik, Sungai Besi,｜57000 Kuala Lumpur, Malaysia.｜電話：(603)9056 3833 傳真：(603)9056 2833｜行政院新聞局北市業字第913號｜裝幀設計／楊啟巽工作室 e-mail：ycs7611@ms21.hinet.net｜印刷／鴻霖印刷傳媒股份有限公司｜總經銷／聯合發行股份有限公司 電話：(02)2917-8022 傳真：(02)2915-6275

2009年（民98）10月初版｜Printed in Taiwan｜定價340元｜｜ISBN 978-986-6369-49-0

Hyper-fashion Of Contemporary Japanese Celebrity

Tammy
Kawamura